Die Tür zur Führung

Anregungen und Ideen zur persönlichen
Führungs- und Arbeitstechnik

Josef Müller

Impressum

Die Tür zur Führung
Anregungen und Ideen zur persönlichen Führungs- und Arbeitstechnik

Josef Müller
Edition Swissmem 2004
ISBN 3-03709-017-0
Bestellcode AFTF

3. Auflage 2004

© 2004 by Edition Swissmem Zürich und Winterthur

Umschlaggestaltung	Victor Hotz AG, Steinhausen
Illustrationen	Herbert Seybold
Druck	Victor Hotz AG, Steinhausen
	Printed in Switzerland
Bestellungen	Swissmem Berufsbildung
	Brühlbergstrasse 4
	CH-8400 Winterthur
	Telefon ++41 52 260 55 55
	Fax ++41 52 260 55 59
	vertrieb.berufsbildung@swissmem.ch
	www.swissmem-berufsbildung.ch

Die Deutsche Bibliothek – CIP-Einheitsaufnahme

Die Tür zur Führung / Edition Swissmem, Winterthur
3. Auflage – Zürich und Winterthur: Edition Swissmem, 2004
ISBN 3-03709-017-0

Die Tür zur Führung

Inhaltsverzeichnis

Seite

Vorwort 7

1. Grundlagen der Führung 9
1.1 Was heisst Führung? 10
1.2 Führungsmittel 12
1.3 Thesen zur Führungsgrundhaltung 13
1.4 Der Vorgesetzte im Mittelpunkt des Unternehmens 18
1.4.1 Führungsängste überwinden 18
1.4.2 Die Persönlichkeit formen 18
1.4.3 Selbstsicherheit ausstrahlen 19
1.4.4 Initiative und Entschlussfähigkeit zeigen 19
1.4.5 Über Durchsetzungskraft verfügen 19
1.4.6 Verantwortung tragen 20
1.5 Autorität und Selbstdisziplin 21
1.5.1 Was ist echte Autorität? 21
1.5.2 Voraussetzungen echter Autorität 21
1.6 Die Rolle des Vorgesetzten 23
1.6.1 Zeit haben für den Mitarbeiter 23
1.6.2 Aufgaben des Vorgesetzten 23
1.6.3 Der Führungsstil 25
1.6.4 Der Vorgesetzte als Moderator 27
Übung: Ich als Vorgesetzter 31
Mein Persönlichkeitsprofil als Moderator 32
Meine persönlichen Schlüsselqualifikationen 33

2. Organisationsstrukturen 35
2.1 Was heisst organisieren? 36
2.2 Organisatorische Rahmenbedingungen 37
2.2.1 Die Unternehmensphilosophie 37
2.2.2 Unternehmensfakten 37
2.2.3 Die Mitarbeiter 38
2.2.4 Umwelt 39
2.3 Aufgaben und Bereiche einer Betriebsorganisation 40
2.3.1 Die Aufbauorganisation als strategischer Bereich 40
2.3.2 Die Ablauforganisation als operativer Bereich 44
2.4 Die Stellenbeschreibung als Organisations- und Führungsmittel 46
2.4.1 Die Inhaltspunkte einer Stellenbeschreibung 47
2.5 Problemlösungsmethodik 48
2.5.1 Problemlösung mit Hilfe der Pinnwand 50
Stellenbeschreibung: Inhaltsraster 53
Stellenbeschreibung: Praxisbeispiel 54

3. Führen durch Delegieren 57
3.1 Was beinhaltet richtiges Delegieren? 58
3.2 Ist Verantwortung delegierbar? 60
3.3 Voraussetzungen für wirkungsvolles Delegieren 61
3.4 Delegationsfehler vermeiden 63
3.5 Die Auftragserteilung 64
Übung zur Delegation bzw. Auftragserteilung 66
Checkliste fürs Delegieren 68
Inhaltsraster für schriftliche Auftragserteilungen 69

Die Tür zur Führung

4.	***Information und Kommunikation***	71
4.1	Die Information als Basis der Kommunikation	72
4.1.1	Informationsarten und -richtungen in Unternehmen	72
4.1.2	Grundregeln des Informierens	74
4.2	Die Vielschichtigkeit der Kommunikation	75
4.2.1	Das Kommunikationsmodell	75
4.2.2	Sender und Empfänger als Kodierer und Dekodierer	76
4.2.3	Die Bedeutung des Feedbacks	77
4.2.4	Verbale Informationen analysieren	79
4.2.5	Nonverbale Informationen analysieren	79
4.2.6	Die vier Aspekte von Mitteilungen	80
4.2.7	Mitteilungen ausgewogen empfangen	82
	Checkliste für die Ausgabe wichtiger Informationen	84
	Übung: Aspekte von Mitteilungen erkennen	85
5.	***Grundlagen der Gesprächsführung***	87
5.1	Arten von Mitarbeitergesprächen	88
5.1.1	Sachgespräche	88
5.1.2	Persönliche Gespräche	88
5.2	Mitarbeitergespräche effizient gestalten	89
5.2.1	Die Vorbereitung und Organisation des Mitarbeitergesprächs	89
5.2.2	Die Durchführung des Mitarbeitergesprächs	92
5.2.3	Die Auswertung des Mitarbeitergesprächs	95
5.3	Das Konfliktgespräch	96
	Die Mitarbeiterbeurteilung (Beurteilungsblatt)	99
	Fragebogen für das Mitarbeitergespräch	100
	Standortbestimmungsgespräch (Fragebogen)	102
	Schlüsselqualifikationen (Beurteilungsblatt)	104
	Entwicklungs- und Einsatzplan	105
	Jahresziele (Zielvereinbarung/Zielkontrolle)	106
	Checkliste zur Vorbereitung von Mitarbeitergesprächen	107
6.	***Die Werbung und Eingliederung neuer Mitarbeiter***	109
6.1	Aufgaben und Anforderungen als Ausgangsbasis	111
6.2	Möglichkeiten der Personalwerbung	112
6.3	Die Auswahl von Mitarbeitern	113
6.3.1	Methoden und Auswahlverfahren	113
6.3.2	Das Vorstellungsgespräch	114
6.4	Die Eingliederung neuer Mitarbeiter	116
	Checkliste für die Personalauswahl	120
	Checkliste zur Einführung neuer Mitarbeiter	122
	Das Einführungsprogramm	124
	Checkliste für Stelleninserate	125
7.	***Die Mitarbeiterförderung***	127
7.1	Vorzeigen und nachmachen lassen	128
7.1.1	Die Gestaltung des Vorzeigens	129
7.1.2	Die Vorbereitung	129
7.1.3	Die 4-Stufen-Methode	130
7.2	Projektorientierte Mitarbeiterförderung	131
7.2.1	Schlüsselqualifikationen in der Mitarbeiterförderung	132
	Merkblatt: 10 grundlegende Instruktionsprinzipien	134
	Arbeitsblatt zur Vorbereitung einer Instruktion	135
	Beobachtungsprotokoll für die Einzelinstruktionen	136
	Instruktionsmethodik/Arbeitszergliederung	137
	Instruktions-Praxisbeispiel (Methodik, Arbeitszergliederung)	138
	Ablaufplanung einer Instruktion oder Demonstration	139

8.	**Mitarbeiter motivieren**	141
8.1	Was ist Motivation?	142
8.2	Faktoren der Leistungsmotivation	143
8.3	Hygienefaktoren als Motivationsbasis	145
8.4	Entwicklungsbedürfnisse als Motivatoren	147
8.5	Motivation ist tägliche Kleinarbeit	149
	Übung: Erkennen von Bedürfnissen/Motiven	151
	So können Sie die Motivation Ihrer Mitarbeiter stärken	152
	Übung: Befriedigung am Arbeitsplatz	153
9.	**Persönliche Zeitplanung**	155
9.1	Der Zeitbegriff	156
9.2	Ein gutes Zeitmanagement schafft Lebensqualität	157
9.3	Die Selbstanalyse als Basis des Selbstmanagements	157
9.4	‹Zeitdieben› das Handwerk legen	159
9.5	Ziele setzen und ihre Realisierung planen	160
9.6	Prioritäten erkennen	162
	Test: Beherrschen Sie Ihre Zeit?	164
	Stress- und Belastungstest	166
	Zielsetzung	167
	Tipps zur Prioritätensetzung	168
	Berücksichtigen Sie Ihre Leistungsfähigkeit	168
	Tagesplan	169
10.	**Planungsinstrumente und Arbeitsplatzgestaltung**	171
10.1	Hilfsmittel zur Zeitplanung	172
10.1.1	Zeitplansysteme	172
10.1.2	Zeitplanungsprogramme	173
10.2	Ergonomie am Arbeitsplatz	174
10.2.1	Die Organisation des Arbeitsplatzes	175
10.2.2	Die Gestaltung der Arbeitsumgebung	175
	Arbeitsplatzanalyse	178
	Checkliste: Was fehlt an meinem Arbeitsplatz?	179
	Literaturverzeichnis	181
	Stichwortverzeichnis	184
	Werbung Eigenverlag	187

Die Tür zur Führung

Vorwort

Liebe Leserin, lieber Leser

Wir lernen lesen, wir lernen schreiben, doch die Fähigkeit zu führen, zu motivieren, zu kommunizieren, zu planen, zu kontrollieren und Probleme zu lösen setzen wir voraus.

Von der sach- und adressatengerechten Führung und Ausbildung hängen Motivation und Leistungsfähigkeit der Mitarbeiterinnen und Mitarbeiter massgeblich ab. Um in Unternehmen tätigen, besonders auch jungen Menschen in der heutigen Orientierungs- und Sinnkrise über die Runden zu helfen, braucht es menschlich hoch qualifizierte Vorgesetzte.

Die gezielte Anwendung von Arbeitstechniken und Führungsinstrumenten bzw. Führungsmitteln ist eine so genannte Schlüsselqualifikation, die in der heutigen Zeit an Bedeutung gewonnen hat und in der Zukunft noch verstärkt zu gewichten ist.

Vieles hat sich verändert und verändert sich laufend. Angesichts des dauernden Wandels befinden wir uns immer wieder in neuen Lernsituationen.
Die Mitarbeiterführung und -ausbildung muss sich den wirtschaftlichen, technischen und menschlichen Ansprüchen anpassen. Ansätze zur Veränderung, zum Wandel, zur Umstrukturierung finden sich heute in fast jedem Unternehmen.

Das vorliegende Lehrmittel enthält neben Grundsätzen der persönlichen Arbeits- und Führungstechnik viele aus der Praxis gewonnene Anregungen und Ideen mit einigen Übungen für Einzel-, Partner- oder Gruppenarbeiten.

Seit zwanzig Jahren sind für mich die Begriffe Führung und Ausbildung von grosser Bedeutung. Einige Jahre Praxiserfahrung in der Lehrlingsausbildung und Personalführung sowie meine jetzige Tätigkeit als Kursleiter sind Gründe, mich mit den heutigen Fach-, Methoden- und Sozialkompetenzen sowie mit dem Lehren und Lernen in der Zukunft zu beschäftigen.

An dieser Stelle danke ich allen herzlich, die mit ihren Erfahrungen und Fachkenntnissen beim Überarbeiten, Gestalten und Drucken dieses Werkes Wesentliches beigetragen haben. Mein Dank gilt vor allem meiner Frau Christine, Monika Halter, Victor Hotz, Urs Peter, Peter Schriber, Herbert Seybold und Guido Wismer.

Die Leserinnen bitte ich um Verständnis dafür, dass in diesem Lehrmittel jeweils nur die männliche Bezeichnung gewählt wurde, um den Text lesefreundlich und flüssig gestalten zu können. Selbstverständlich sind Frauen immer genauso angesprochen.

Seon, im März 2004   Josef Müller

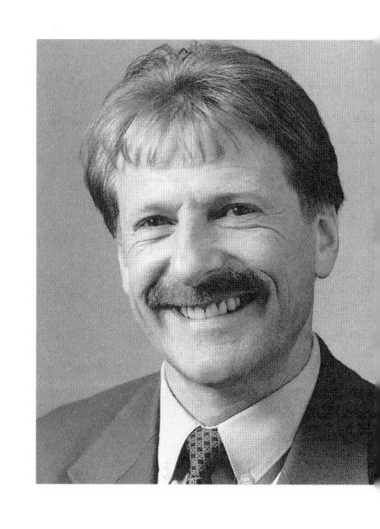

Kapitel 1

Grundlagen der Führung

Was heisst Führung?

Führungsmittel

Thesen zur Führungsgrundhaltung

Der Vorgesetzte im Mittelpunkt des Unternehmens

Autorität und Selbstdisziplin

Die Rolle des Vorgesetzten

Die Tür zur Führung

1. Grundlagen der Führung

Führung stellt ein grundlegendes soziales Verhältnis und Geschehen dar, das immer dann auftritt, wenn Gruppen von Menschen ein gemeinsames Ziel anstreben, das heisst ‹wenn ihre Aufgaben durch eine gemeinsame Zielsetzung verbunden sind› (Zeidler). Wie kaum eine andere soziale Erscheinung hat Führung bzw. Gefolgschaft in jeder Epoche menschlicher Geschichte eine entscheidende Rolle gespielt.

1.1 Was heisst Führung?

Führung wird vielfältig definiert, zum Beispiel als ‹zielorientierte soziale Einflussnahme zur Erfüllung gemeinsamer Aufgaben› in einer strukturierten Arbeitssituation (Wunderer, Grundwald) oder als ‹Interaktionsbeziehung›, bei welcher der Führende beim Geführten ein Verhalten auslöst und aufrechterhält, das der Erreichung eines Zieles dient (Lattmann).

Kerniger formuliert es der ehemalige US-General und -Präsident Dwight D. Eisenhower: ‹Führen heisst: Jemanden dazu zu bringen, das zu tun, was man will, wie man will und wann man will, weil er es selbst will.›

Die ausgewählten Aussagen machen klar: Beim Führen geht es darum, das Handeln anderer Menschen zielgerichtet zu beeinflussen und zu steuern.

> **Echte Führung beruht**
> **auf der Fähigkeit des Führenden,**
> **Menschen dazu zu bringen,**
> **dass sie freiwillig**
> **ihre Sonderinteressen zurückstellen**
> **und ihre Bestrebungen**
> **auf ein gemeinsames Ziel ausrichten.**

Für eine echte Führung braucht es drei Komponenten:

ein **Ziel,** das eine Gruppe gemeinsam anstrebt

einen **Führenden,** der bereit ist, durch seine persönliche Kompetenz die Gruppe zu überzeugen, sich seiner Führung zu unterziehen

eine **Gruppe,** welche die Führung akzeptiert

Ideal ist es, wenn sich die berechtigten Einzel- und Sonderinteressen der Gruppenmitglieder dem Gesamtinteresse angleichen. Prinzipiell haben sich die Gruppenangehörigen den Anweisungen des Führenden unterzuordnen. Diese Anweisungen fallen je nach Führungsstil und Art der Gruppenmitglieder unterschiedlich aus; denn als sozialer Vorgang ist jedes Führen von der Persönlichkeit der Beteiligten und ihrem Zusammenwirken geprägt.

Die Tür zur Führung

Praxisbezogenes Führen umfasst folgende Aspekte:

Ideologischer Aspekt
Führungsstil und Führungsverhalten

Wie soll geführt werden? Welches Menschenbild bzw. welche Vorstellungen über gesellschaftlich erwünschte Verhältnisse liegen den Werten und Normen der Führung zugrunde?

Institutioneller Aspekt
Führungsinstitutionen

Wer soll führen? Welche Personen oder welche Gremien nehmen Führungsfunktionen wahr und welche Informations- und Entscheidungswege verbinden sie?

Prozessualer Aspekt
Führungsprozess

In welche konkrete Vorgänge gliedert sich die Führungsaufgabe? Wie vollziehen sich die Teilprozesse Zielbildung, Planung, Entscheidung, Durchführung und Kontrolle?

Instrumenteller Aspekt
Führungsinstrumente bzw. Führungsmittel

Welche Hilfsmittel stehen für die Führungsaufgabe zur Verfügung? Wie verlässlich funktionieren Qualifikationssysteme, Vorschlagswesen, Laufbahnplanungen, Konferenzen usw.?

Allgemein gültige Aussagen über den Führungsvorgang können nur beschränkt gemacht werden, da dieser im konkreten Fall verschiedensten Einflussfaktoren unterworfen ist:

Einflussfaktoren auf den Führungsvorgang sind unter anderem

allgemeine wirtschaftliche Lage (Ideal-, Normal- oder Krisensituation)
staatliche Einflüsse
gesellschaftliche Umwelt
Markteinflüsse
technologischer Stand
Organisationsstruktur und -grösse
Art der Aufgaben
Ausbildungsstand der Mitarbeiter
Motivation und Identifikation der Mitarbeiter mit dem Unternehmen und den Aufgaben
Persönlichkeitsstruktur der Vorgesetzten und ihrer Mitarbeiter
Beziehung zwischen Mitarbeitern und Vorgesetzten
Handlungsfähigkeit der Vorgesetzten (Fach-, Sozial-, Methodenkompetenz)
Hilfsmittel der Führung

Schematische Darstellung der Führungselemente und Einflussfaktoren

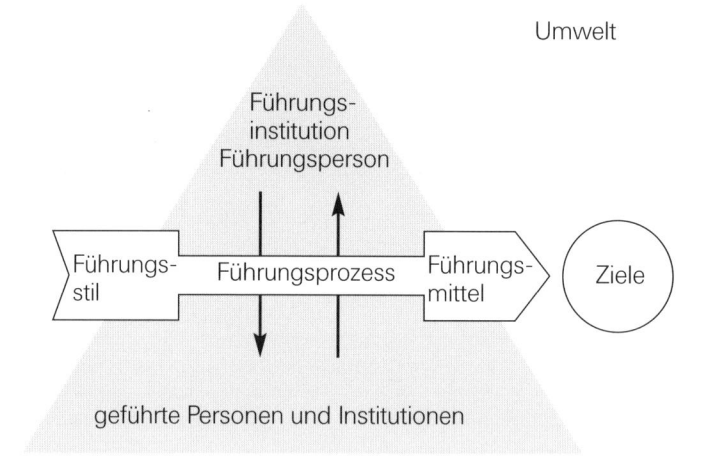

```
                    Führungs-              Umwelt
                    institution
                    Führungsperson
         Führungs-  Führungsprozess  Führungs-   Ziele
         stil                         mittel
              geführte Personen und Institutionen
```

Führen ist immer situativ bedingt, das heisst von unternehmensinternen und -externen Gegebenheiten abhängig. Das bedeutet:

Je nach Situation muss das Führungsverhalten anders sein.

1.2 Führungsmittel

Eine wichtige Rolle spielen die Führungsmittel, das heisst die Instrumente und Massnahmen, die bereitgestellt bzw. eingesetzt werden, um angestrebte Ziele zu erreichen.

Zu den Führungsmitteln zählen

Unternehmenspolitik und -leitbild

Ziele, Pläne, Budgets

Führungsrichtlinien

Organisationsschema

Funktionsschema

Stellenbeschreibung

Laufbahngestaltung

Arbeitsinstruktion

Mitarbeiterförderung/Aus- und Weiterbildung

Qualifikationssystem

Controlling

Salärsystem

1.3 Thesen zur Führungsgrundhaltung

Jeder Führende bzw. Vorgesetzte hat gewissen Anforderungen zu genügen. Es gilt, den Zielsetzungen des Unternehmens und den Erwartungen der Mitarbeiter gerecht zu werden. Dabei sind menschliche Qualitäten und mitmenschliche Verhaltensweisen mindestens so wichtig wie fachliche Voraussetzungen.

Die nachfolgenden Tätigkeiten und Eigenschaften umschreiben Grundhaltungen, die in der Persönlichkeit des Führenden verankert sein sollten.

Führen heisst:

dienen

Ziele setzen bzw. Ziele vereinbaren

vorleben und Vorbild sein

entscheiden

Mut haben

zäh und konstant sein

sich bemühen, gerecht zu sein

menschlich bleiben

Mitarbeiter aus Fehlern lernen lassen

teamfähig sein

Vertrauen geben

sich treu bleiben

Führen heisst: dienen

Nur wenn die Absicht, mit der Führungsfunktion zu dienen, zur Grundeinstellung aller Kadermitarbeiter wird, kann ein Unternehmen so gedeihen, dass sich die Mitarbeiter langfristig darin wohl fühlen.

Der Mensch ist ein soziales Wesen, geprägt von einer jahrtausendealten Geschichte als Jäger. Seit jeher bezogen einzelne Jäger ihre Führungslegitimation aus dem Umstand, dass sie mit ihren besonderen Eigenschaften der Gemeinschaft dienten: Einerseits waren dies die weisen Alten, welche – dank ihrer Erfahrung – Wissen und Kenntnisse weitergeben konnten und damit das Know-how verkörperten; andererseits waren es oft auch junge Jäger, die dank Geschicklichkeit, Überlegung und handwerklichem Können am meisten Tiere erlegten und damit das physische Überleben garantierten.

Für ihre Dienstleistungen an der Gemeinschaft erhielten die Führenden einen grösseren Anteil an der Beute, damit sie fit blieben (physischer Aspekt) und auch motiviert waren, sich weiterhin in den Dienst der Allgemeinheit zu stellen (psychischer Aspekt).

Das ist heute nicht anders. Nur übersieht man diese Tatsache meistens, weil das Überlebensziel nicht mehr vorherrscht.

Führen heisst: Ziele setzen bzw. Ziele vereinbaren

Führung durch Zielsetzung bzw. Management by Objectives (MbO) stellt die zurzeit umfassendste und meistdiskutierte Führungstechnik dar. Man unterscheidet drei Varianten:

Führung durch Zielvorgabe (autoritäre Variante)

Führung durch Zielvereinbarung (kooperative Variante)

Führung durch Zielorientierung (neutrale Variante)

Bei der Führung durch Zielvereinbarung steht der Mitarbeiter als Individuum im Vordergrund. Deswegen sind die Ziele so gut wie möglich auf die Interessen und Fähigkeiten des Mitarbeiters ausgerichtet. Von der Grundidee her ist diese MbO-Variante also nicht nur ein leistungs-, sondern auch ein zufriedenheitsorientiertes Führungsmodell, das die Selbstentfaltung der Mitarbeiter zu berücksichtigen sucht.

Die Grundannahmen bei der Führung durch Zielvereinbarung sind (nach Lattmann):

Ziele bestimmen das Verhalten

Ziele geben Sicherheit

Ziele ermöglichen Erfolgskontrollen

vereinbarte Ziele fördern die Annahme

schwierige Ziele erhöhen den Anreiz

erreichte Ziele verschaffen Erfolgserlebnisse

festgelegte Ziele ermöglichen Eigenständigkeit

Die Zielvereinbarungen sind jeweils das Ergebnis einer langen Gedankenkette, die überzeugend dargelegt werden muss, gepaart mit dem Willen, die Ziele auch durchzusetzen.

Führen heisst: vorleben und Vorbild sein

Mitarbeiter haben ein feines Gespür und merken rasch, wenn ihnen das Geforderte nicht vorgelebt wird. Dies hängt damit zusammen, dass Führen eine Dienstleistung ist.

Von einem Vorgesetzten erwarten die Mitarbeiter, dass er sowohl in fachlicher als auch in menschlicher Hinsicht ein Vorbild ist.

Fachlich erwartet man fundierte berufliche Kenntnisse und Fertigkeiten; menschlich erwartet man Gerechtigkeit, Hilfsbereitschaft und Freundlichkeit. Freundlichkeit gegenüber Mitmenschen soll aber nicht gleichbedeutend sein mit gutmütiger Nachgiebigkeit oder gar Selbstlosigkeit.

Führen heisst: entscheiden

In einer Unternehmung muss eine gewisse Entscheidungssicherheit herrschen. Dabei soll der Aufwand, eine Entscheidung zu erzielen, der Tragweite des Problems angepasst sein.

Unsicherheit widerspricht dem Wesen der Führung als Dienstleistung. Die Geführten erwarten, dass der Führende Entscheide fällt und so letztlich die Richtung weist. Wird keine

Richtung vorgegeben, kommen jene, die dies erwarten, unweigerlich auf den Gedanken, sich selbst eine Richtung zu geben. Damit wird Führung als Dienstleistung hinfällig.

Das Gesagte darf nicht mit dem Prozess der Entscheidungsfindung verwechselt werden. Bei der Entscheidungsfindung sollen alle ihr Wissen einbringen. Möglicherweise – oder sogar sehr wahrscheinlich – besteht die Führungsdienstleistung bei den komplexen Problemen der heutigen Zeit gerade darin, die Impulse für die Entscheidungsfindung und die Motivation für einen Konsens zu geben. So verstanden ist das Entscheiden nicht ein Akt, sondern ein Prozess, und das Führen ein ordnendes Begleiten dieses Prozesses.

Führen heisst: Mut haben

Führende brauchen Mut, Überholtes über Bord zu werfen, Neuerungen einzuleiten, Entscheidungen durchzuziehen, sich positiv mit den Menschen auseinander zu setzen, Fehler einzugestehen und notwendige Korrekturen an der eigenen Überzeugung, am eigenen Kurs vorzunehmen.

Zu allen Zeiten zeichnete Mut den echten Führer aus. Mut ist eine wesentliche Führungsdienstleistung; denn viele Menschen sind unsicher und erst bereit, ausgefahrene Geleise zu verlassen, wenn es jemand vormacht.

Führen heisst: zäh und konstant sein

Nicht alle Menschen haben den gleich starken inneren Motor und ein gleich starkes Durchstehvermögen. In der Gruppe aber bringen sie viel zustande und sind bereit, Strapazen zu ertragen, die sie alleine nie auf sich nehmen würden. So ist es im Wesen der Führung begründet, dass einer vorzeigt und vorlebt, wie man einen einmal eingeschlagenen Weg trotz Schwierigkeiten zu Ende geht.

Allerdings darf diese Zähigkeit nicht in Sturheit ausarten und den Weg der Menschlichkeit ausschliessen. Das bedeutet, dass der Führende darauf achten muss, seine Mitarbeiter nicht zu überfordern; andererseits soll er sie doch laufend anspornen.

Führen heisst: sich bemühen gerecht zu sein

Wahrscheinlich erträgt der Mensch nichts schlechter als ungerechte Behandlung. Absolute Gerechtigkeit gibt es kaum, denn jeder betrachtet Gerechtigkeit aus einem anderen Blickwinkel. Darum heisst es in der Überschrift auch: ‹sich bemühen gerecht zu sein›.

Die Mitmenschen haben eine gewisse Toleranz und akzeptieren auch Fehlurteile, wenn sie überzeugt sind, dass der Führende versucht, gerecht zu sein, dass er alle Gesichtspunkte anhört und bereit ist, ein erwiesenes Fehlurteil zu korrigieren.

Führen heisst: menschlich bleiben

Die Forderung nach Menschlichkeit hängt eng mit dem Führungsverständnis als Dienstleistung zusammen. Auch wenn der Führende die strengsten Massstäbe an sich selbst anlegen muss, darf er nicht vergessen, dass die Menschen verschieden sind und ihren Möglichkeiten entsprechende Chancen erwarten. Dazu gehört auch das Wissen, dass Mitarbeiter nicht immer gleich disponiert sind, dass aber jeder (auch der Führende) das Recht hat, in einer schwächeren Phase mitgetragen zu werden. Das schlechteste Betriebsklima herrscht dort, wo jeder darauf wartet, eine Schwäche des anderen rücksichtslos ausnützen zu können.

Führen heisst: Mitarbeiter aus Fehlern lernen lassen

Der Mensch lernt vorwiegend aus Fehlern. Darf er nie Fehler machen, um daraus zu lernen, lehnt er den Führenden als rechthaberischen Menschen ab.

Dass intelligente und klarsichtige Personen als Führer oft auf Ablehnung stossen, liegt vielfach daran, dass sie ‹immer Recht haben› und dies den anderen deutlich zeigen, indem sie beispielsweise alles selber machen und anderen keine Chancen geben, ebenfalls etwas Positives zu leisten.

Führen heisst: teamfähig sein

Ohne Teamgeist ist echtes Führen nicht möglich. Keiner kann alles alleine; jeder hat Stärken und Spezialkenntnisse. Diese zu nutzen und auf das gemeinsame Ziel hin zu bündeln gehört wesentlich zur Aufgabe des Führenden.

Führen heisst: aktives Vertrauen geben

Die Basis für spannungsarme mitmenschliche Beziehungen ist das Vertrauen. Nur wenn sich Mitarbeiter über alle Stufen hinweg als Partner betrachten und sich gegenseitig als solche behandeln, kann Motivation entstehen und das ‹Arbeiten-Müssen› zum ‹Arbeiten-Wollen› werden.

Vertrauen ist die Vorbedingung für ein gutes und gesundes Klima im Unternehmen und fördert die Arbeitsleistung.

Aus Arbeitern müssen Mit-Arbeiter werden, die mit-wissen, mit-denken, mit-wirken. Dadurch wird die Arbeitszufriedenheit gehoben. Eine klare Trennung von Sache und Person trägt zur Verbesserung der Umgangsformen ebenso bei wie gegenseitige Achtung, Aufgeschlossenheit, Verständnisbereitschaft und Höflichkeit.

Die Tür zur Führung

All das soll der Führende vorleben. Führen heisst ja vorangehen, um den Weg zu finden und zu zeigen. Gerade im Ausdruck ‹den Weg zeigen› offenbart sich das Wesen der Führung als Dienstleistung.

Führen heisst: sich treu bleiben

Nur wer innerlich zum Führen und zu den angestrebten Zielen und Werten ja sagen und zu seinem Menschenbild und zu seinem Führungsstil stehen kann, wirkt echt und authentisch.

Wer sich selbst ist, sich also kongruent verhält und im Einklang mit seiner Person führt, bleibt längerfristig auch gesund. Inkongruenz führt zu psychosomatischen Störungen, Suchtverhalten oder körperlichen Schädigungen; die Symptompalette reicht von Schlafstörungen, Alkohol- und Tablettenmissbrauch über Magengeschwüre bis hin zum Herzinfarkt.

> **Führen bedeutet:**
> **Ein von Umwelt, Gesellschaft, Interessengruppen**
> **oder vom Führenden selbst definiertes Ziel**
> **mit bestimmten Personen und Hilfsmitteln**
> **zur Zufriedenheit und zum Wohle aller**
> **mit möglichst geringem Aufwand**
> **innert nützlicher Frist erreichen.**

Die obige Aussage nennt die Kernpunkte guter Führung und beschreibt ihre Dimension bzw. Ausrichtung.

Führen erfordert demnach

Kundenorientierung
___

Menschenorientierung
___

Leistungsorientierung
___

1.4 Der Vorgesetzte im Mittelpunkt des Unternehmens

Führungskräfte haben in Unternehmen Schlüsselpositionen inne. Sie stehen im Rampenlicht und alle sehen, was sie tun. Das kann zwiespältige Gefühle wachrufen. So kann man Stolz und Befriedigung empfinden – etwa weil man ein persönliches Ziel erreicht, weil die Arbeitsbedingungen besser sind, weil man mehr Befugnisse hat, weil der Lohn höher ist... Dazu können sich Erwartungen und Hoffnungen auf weitere Entwicklungsmöglichkeiten und Perspektiven gesellen.

1.4.1 Führungsängste überwinden

Es können sich aber auch Beklemmung und Angst einstellen: Ist man den Aufgaben der Führungstätigkeit gewachsen? Wie gestalten sich die mitmenschlichen Beziehungen? Wie verhalten sich Vorgesetzte, Arbeitskollegen, Mitarbeiter?

Diesen unguten Gefühlen kann man entgegenwirken, indem man sich kontinuierlich weiterbildet und so seine fachlichen, methodischen und sozialen Kompetenzen und das entsprechende Können erweitert. Damit gewinnt man an Selbstwertgefühl und Selbstsicherheit und kann Führungsängste überwinden. Hilfreich ist auch ein gutes Verhältnis zu den Mitarbeitern aller Stufen: Gute Zusammenarbeit und gute Beziehungen zu den Mitarbeitern sind für jeden Führenden elementar.

1.4.2 Die Persönlichkeit formen

Wer andere Menschen führen will, muss neben fachlicher, methodischer und sozialer Kompetenz auch Eigenschaften besitzen, die ihn von anderen Menschen unterscheiden. So sollte ein Vorgesetzter

eine Persönlichkeit sein
ein Leistungsbild verkörpern
Menschenkenntnis besitzen
über Führungseigenschaften verfügen
Führungsmittel gekonnt einsetzen

Kennzeichen einer ‹idealen› Führungspersönlichkeit sind vor allem

Weitblick
Ein guter Vorgesetzter überragt das Niveau des Durchschnitts; er steht über den Dingen und hat den Weitblick, mit dem er das Ganze sehen und umfassend überblicken kann.

Bildung
Ein guter Vorgesetzter ist gebildet. Besonders zentral ist die Bildung der Persönlichkeit. Hier spielt die innere Reife eine grosse Rolle.

Kreativität
Ein guter Vorgesetzter ist kreativ und regt mit seinem Ideenreichtum und mit seiner Fantasie die Mitarbeiter an.

Ausstrahlung
Ein guter Vorgesetzter besitzt Ausstrahlung: Seine Aktivität, seine Lebensfülle und seine gestaltende Kraft wirken auf die Mitarbeiter ansteckend.

Beziehungsfähigkeit
Ein guter Vorgesetzter kann andere verstehen, auf sie eingehen, sie beeinflussen und Konflikte bereinigen.

1.4.3 Selbstsicherheit ausstrahlen

Selbstsicherheit bedeutet ‹seiner selbst sicher sein› und basiert auf dem Selbstwertgefühl. Voraussetzung dazu ist, dass man mit sich selbst zufrieden ist und keine Anforderungen an sich stellt, denen man höchstens im Traum gerecht werden kann. Das bedeutet aber nicht Ziellosigkeit: realistische Ziele muss man sich immer setzen.

Stärken kann man sein Selbstwertgefühl dadurch, dass man immer im Einklang mit seinem Gewissen entscheidet und handelt.

Dem Selbstwertgefühl förderlich sind ferner Erfolgserlebnisse, Zeichen der Anerkennung und Wertschätzung. Jeder Mensch braucht hin und wieder die Bestätigung, dass seine Leistungen wertvoll sind und dass er kompetent, hilfsbereit und freundlich ist.

Und schliesslich ist eine angemessene Aggressivität für ein gutes Selbstwertgefühl wichtig. Gerade ein Vorgesetzter braucht den Mut zu sagen: ‹Das finde ich gut› und ‹Das finde ich nicht gut›.

1.4.4 Initiative und Entschlussfähigkeit zeigen

Ein guter Vorgesetzter zeigt Initiative und Entschlusskraft. Initiative zeigen meint, den Mut haben, neue Wege zu beschreiten und von alten, überholten Methoden und Ansichten Abschied zu nehmen. Und Entschlussfähigkeit meint, sich für eine bestimmte Meinung entscheiden, sich zu seinen Entscheidungen bekennen und den Startschuss für den Beginn einer Arbeit geben können.

Sinnvolles Tun verläuft in drei Schritten:

erkennen

denken

handeln

1.4.5 Über Durchsetzungskraft verfügen

Der Vorgesetzte muss erfolgreich auf die Mitarbeiter einwirken, sie beeinflussen, sie von einer Notwendigkeit überzeugen, ihr Inneres, ihr Denken, Fühlen und Wollen in eine bestimmte Richtung lenken. Er muss sie motivieren, jedoch nicht manipulieren: Die Betroffenen dürfen sich nicht verletzt oder gar missbraucht fühlen.

Sich durchsetzen erfordert das Eindringen in das psychologische Gefüge der Mitarbeiter. Dabei gilt es besonders behutsam zu sein.

> **Alles, was das Gefühlsleben eines Mitmenschen angeht, erfordert Fingerspitzengefühl, behutsames Vorgehen und Menschenkenntnis.**

1.4.6 Verantwortung tragen

Hat sich der Führende für einen Weg entschieden, übernimmt er dafür die Verantwortung. Von Zeit zu Zeit muss sich der Vorgesetzte über den ‹Stand der Dinge› informieren und prüfen, ob seine Anordnungen oder Anweisungen befolgt werden; denn letztlich ist er es, der die Verantwortung trägt.

Der Vorgesetzte behält die Verantwortung auch dann, wenn er Aufgaben delegiert.

Verantwortung tragen bedeutet, persönlich für die Folgen von Handlungen und Entscheidungen einzustehen, soweit diese beeinflussbar sind. Dabei ist zu beachten, dass eine Beeinflussung nicht nur erfolgen kann, indem man aktiv handelt, sondern auch indem man dies unterlässt.

Verantwortung	
Führungsverantwortung	**Handlungsverantwortung**
Auswahlverantwortung	Ergebnisverantwortung
Auftragsverantwortung	Budgetverantwortung
Arbeitsmittelverantwortung	Sachmittelverantwortung
Aufsichtsverantwortung	Terminverantwortung

Verantwortung umfasst Führungs- und Handlungsverantwortlichkeiten.

Zu den Führungsverantwortlichkeiten gehören zum Beispiel

die Verantwortung für die Auswahl der Mitarbeiter, die mit Aufgaben betraut werden

die Verantwortung für das ordnungsgemässe Erteilen von Aufträgen
(Wer? Was? Warum? Wann? Wo? Wie?)

die Verantwortung für das Bereitstellen personeller und sachlicher Mittel sowie von Informationen, die zur Durchführung eines Auftrages erforderlich sind

die Verantwortung für eine angemessene Aufsicht über die Tätigkeit und für die Sicherstellung der Unfallverhütung des Mitarbeiters

Zu den Handlungsverantwortlichkeiten gehören zum Beispiel

die Verantwortung für das Erzielen genau umschriebener Arbeitsergebnisse

die Verantwortung für das Einhalten vorgegebener Budgets

die Verantwortung für die zur Arbeit benötigten Sachmittel

die Verantwortung für die Einhaltung vorgegebener Termine

Verantwortung wird meist nicht ausdrücklich übertragen, sondern ergibt sich aus der Übernahme von Aufgaben und Kompetenzen. Um Unklarheiten zu vermeiden, sollten Art und Umfang der Verantwortung umschrieben und in der Stellenbeschreibung dokumentiert sein (vgl. Kap. 6, 6.1).

1.5 Autorität und Selbstdisziplin

Autorität ist das Ansehen, das Gewicht der Persönlichkeit, verbunden mit der Verfügungsgewalt, die in der hierarchischen Stellung begründet ist. Dabei ist zwischen echter Autorität und autoritärem Wesen zu unterscheiden.

1.5.1 Was ist echte Autorität?

Vorgesetzte mit autoritärem Wesen setzen ihren Willen durch, indem sie sich auf ihre Stellung, auf betriebliche Machtmittel, auf Befehls- und Verfügungsgewalt stützen. Reichen diese Mittel nicht aus, helfen sie oft mit menschlichen Schwächen nach, etwa mit cholerischem Toben, mit Empfindlichkeit oder notfalls mit Druck und Tyrannei – das typische Bild des ungeeigneten Chefs.

Vorgesetzte mit echter Autorität haben es nicht nötig, auf ihre Stellung zu pochen, Gewalt ins Spiel zu bringen oder empfindlich auf sachliche Entgegnungen zu reagieren. Sie verfügen über genügend Ansehen und eigenes persönliches Gewicht und besitzen jene charakterlichen Eigenschaften, die den Mitarbeiter zu freudigem Mittun anspornen.

1.5.2 Voraussetzungen echter Autorität

Autorität setzt äussere und innere Selbstentwicklung und Disziplin voraus. Neben Fach- und Branchenkenntnissen, guter Allgemeinbildung und der Fähigkeit klar zu denken, sich präzis auszudrücken und die Mitarbeiter anzuerkennen, ist Autorität gegenüber sich selbst eine weitere unabdingbare Voraussetzung.

Autorität gegenüber sich selbst ist gleichzusetzen mit Selbstdisziplin. Diese kann auf der Basis einer massvollen Selbstkritik und Standortbestimmung erworben werden.

Die Selbsterkenntnis zeigt den Weg zur Vertiefung, zur eigenen Entfaltung. Sie fordert sowohl Bekämpfung von Minderwertigkeitsgefühlen und Unterlegenheitsgedanken als auch den Abbau aller Machtgelüste. Der wahre Autoritätstyp ist Diener am Wohl des Gesamten und hat nicht sich selbst, sondern den Erfolg der Gemeinschaft im Auge.

Etliche Punkte, die einen Vorgesetzten als wahre Autorität auszeichnen, sind bereits zur Sprache gekommen. Sie seien hier nochmals kurz aufgelistet und ergänzt.

Natürliches Selbstvertrauen

Der Vorgesetzte besitzt ein natürliches Selbstbewusstsein und baut damit eine gesunde Opposition auf, die ihn vor falschen Einschätzungen bewahrt.

Sachlichkeit

Der Vorgesetzte dient der Sache und meidet falsche Ehrbegriffe.

Loyalität

Der Vorgesetzte verhält sich loyal. Er übernimmt die Verantwortung für Fehler seiner Mitarbeiter, billigt sie aber nicht.

Fairness

Der Vorgesetzte fördert einen fairen Wettbewerb und unterbindet unlautere Methoden wie Tricks, Fallenstellerei und Hinterlist.

Solidarität

Der Vorgesetzte pflegt und fördert die gegenseitige Hilfsbereitschaft – auch zwischen den einzelnen Arbeitsteams.

Offenheit

Der Vorgesetzte vertritt eine offene Informations- und Orientierungspolitik. Probleme, die das ganze Team betreffen, legt er offen dar.

Konsequenz

Der Vorgesetzte verfolgt Ziele geradlinig und hält an Entscheidungen fest. Seine konsequente Haltung soll jedoch nicht in Kleinlichkeit oder Sturheit ausarten.

Positive Wirkung auf Umgebung

Der Vorgesetzte reagiert auf Vorschläge von Mitarbeitern grundsätzlich positiv, das heisst er motiviert seine Mitarbeiter und schafft eine stimulierende Atmosphäre.

Gute Umgangsformen

Der Vorgesetzte hält sich an die Grundregeln mitmenschlichen Umgangs. Er ist nicht nachtragend und bittet um Entschuldigung, wenn er Unrecht getan hat – es fällt ihm dadurch kein Stein aus der Krone.

Zurückhaltung

Der Vorgesetzte ist zurückhaltend und mischt sich nicht unaufgefordert in Privatangelegenheiten von Mitarbeitern ein.

Verschwiegenheit

Der Vorgesetzte garantiert Diskretion. Was ihm im Vertrauen mitgeteilt wird, behält er für sich und behandelt persönliche Probleme von Mitarbeitern unter vier Augen.

Achtung

Der Vorgesetzte achtet jeden Mitarbeiter gleich und bemüht sich, unparteiisch zu sein und sich nicht von Sympathien und Antipathien leiten zu lassen. Ein Mitarbeiter, der sich aus irgendwelchen Gründen dem Chef nicht anvertraut, darf erwarten, dass er dennoch unvermindert be- und geachtet wird.

Zuhören können

Der Vorgesetzte ist ein guter Gesprächspartner. Er lässt sein Gegenüber ausreden und hört ihm aktiv zu.

1.6 Die Rolle des Vorgesetzten

Ein gewisses Auftreten als Vorgesetzter ist notwendig. Es äussert sich aber nicht in lächerlich wirkenden Chefposen und -allüren, sondern als Ausdruck echter Autorität. Die Rolle, die der Vorgesetzte verkörpert, hat demnach mehr menschlich-personelle und fachliche Inhalte als äusserlich-formale.

1.6.1 Zeit haben für den Mitarbeiter

Darauf, dass der Vorgesetzte ein guter Gesprächspartner sein soll, ist am Ende des letzten Abschnitts hingewiesen worden. Ein guter Gesprächspartner sein bedeutet wesentlich: für den einzelnen Mitarbeiter Zeit haben.

Beim heutigen Arbeitstempo und unter der Last der Arbeit und der Termine finden viele Vorgesetzte kaum mehr Zeit für ein Gespräch mit den Mitarbeitern: Ausser knappen Anweisungen, Fragen und Antworten kommt es selten zu Gesprächsmöglichkeiten.

Das Bedürfnis zu einer Aussprache ist aber bei vielen Mitmenschen vorhanden. Gerade in einer Zeit der beruflichen Anspannung und Hetze und der zunehmenden Vereinsamung braucht der Mensch ‹seelische Entspannungsmöglichkeiten›, wie sie Gespräche bieten.

Die Zusammenarbeit und die Leistungsfähigkeit der Mitarbeiter hängen stark von ihrer Stimmung und ihrem inneren Entspanntsein ab. Hier kann der Vorgesetzte allein durch seine Bereitschaft zum Zuhören helfend eingreifen und erst noch investitionsarme Rationalisierung im Sinne einer höheren Produktivität betreiben.

Leider erklären sich zahlreiche Vorgesetzte aus verschiedenen Gründen nicht bereit, diesen Weg einzuschlagen. Vielfach steht dahinter die Angst, der Situation nicht gewachsen zu sein. Dabei braucht es meistens wenig, um einem Mitarbeiter hilfreich beizustehen.

Das Erste, was vom Vorgesetzten verlangt wird, ist Vertrauen (vgl. S. 16). Ohne Vertrauen in seine Mitarbeiter, das wiederum Gegenvertrauen erweckt, gelingt es dem Vorgesetzten nicht, den Mitarbeitern seine Dienste zur Verfügung zu stellen.

1.6.2 Aufgaben des Vorgesetzten

Ein zentraler Rolleninhalt ergibt sich aus der Weisungsbefugnis des Vorgesetzten und der damit verbundenen Führungsverantwortung (vgl. S. 20).

> **Der Vorgesetzte ist den Mitarbeitern gegenüber weisungsberechtigt und trägt die Führungsverantwortung.**

Je nach Kaderstufe erhalten die nachfolgend genannten personellen und fachlichen Führungsfunktionen ein anderes Gewicht.

Aufgabenteilung/Funktionsumschreibung

Der Vorgesetzte erstellt zusammen mit seinen Mitarbeitern eine möglichst klare Umschreibung ihrer Funktionsbereiche (in Form von Funktionsdiagrammen, Stellenbeschreibungen bzw. permanenten Stellenzielen oder Aufgabenlisten) und lässt sie vom nächsthöheren Vorgesetzten genehmigen.

Die Tür zur Führung

Zielsetzung/Zielvereinbarung

Der Vorgesetzte erläutert seinen Mitarbeitern das aus den Unternehmenszielen abgeleitete Teilziel und vereinbart mit ihnen Zielsetzungen.

Information

Der Vorgesetzte informiert seine Mitarbeiter über alles, was diese wissen müssen, um in ihren Funktionsbereichen selbstständig und zielgerichtet entscheiden und handeln zu können (vgl. Kap. 4).

Instruktion/Moderation

Der Vorgesetzte instruiert, moderiert, leitet und begleitet seine Mitarbeiter so, dass sie ihre Funktionen möglichst selbstständig und zielgerecht erfüllen können (vgl. Kap. 7).

Koordination

Der Vorgesetzte koordiniert die Aufgaben seiner Mitarbeiter, indem er die Absichten, Tätigkeiten und Massnahmen abstimmt, die zueinander in Beziehung stehen. Dies geschieht in der Regel im Rahmen von Teamsitzungen mit den betreffenden Mitarbeitern bzw. Arbeitsgruppen.

Ausführungs- und Ergebniskontrolle

Mit der Ausführungskontrolle begutachtet der Vorgesetzte, wie die Mitarbeiter ihre Fach- und Führungsaufgaben erfüllt haben, und mit der Ergebniskontrolle stellt er periodisch fest, was die Mitarbeiter in ihren Funktionsbereichen erreicht haben.

Qualifikation

Der Vorgesetzte qualifiziert die Mitarbeiter mindestens einmal jährlich in einem persönlichen Gespräch. Die Grundlage dieser Qualifikation bilden Stellenbeschreibung, Einzelziele und Schlüsselqualifikationen (siehe Kap. 5.3, S. 104) sowie die Ausführungs- und Ergebniskontrollen. Das Qualifikationsgespräch ermöglicht die gemeinsame Standortbestimmung in sachlichen und persönlichen Fragen sowie die Unterstützung und Förderung des Mitarbeiters im Hinblick auf seine Ziele.

Förderung/Weiterbildung

Der Vorgesetzte fördert seine Mitarbeiter in jeder Hinsicht und bildet sie den Bedürfnissen entsprechend weiter aus. Er ermöglicht also seinen Mitarbeitern jene Weiterbildung, die erforderlich ist, damit sie weitergehende Fach- oder Führungsfunktionen übernehmen können.

Auswahl neuer Mitarbeiter

Der Vorgesetzte wählt neue Mitarbeiter aus, dies in der Regel nach Absprache mit seinem Vorgesetzten (eventuell der Personalstelle) und der Arbeitsgruppe. Die Auswahl erfolgt aufgrund formulierter Ziele und einer klaren Umschreibung des zukünftigen Funktionsbereiches.

Einführung neuer Mitarbeiter

Der Vorgesetzte führt mit der Unterstützung seiner Mitarbeiter neue Mitarbeiter in ihre Funktionsbereiche ein, das heisst: Er vermittelt neuen Mitarbeitern alle Grundinformationen und -instruktionen, die nötig sind, damit sie die neue Aufgabe optimal wahrnehmen können.

1.6.3 Der Führungsstil

Das Rollenverständnis und das Rollenbild des Vorgesetzten kommen besonders in seinem Führungsstil zum Ausdruck, in der Art also, wie er sich seinen Mitarbeitern gegenüber verhält.

Dieses Verhalten äussert sich unter anderem im Entscheidungsspielraum, den er den Mitarbeitern zugesteht. Die nachfolgende Übersicht (nach Tannenbaum, Warren) deutet die Bandbreite möglicher Führungsstile an.

autoritär ◄───		Führungsstil			───►	kooperativ
Autorität des Vorgesetzten						
						Handlungsfreiheit der Mitarbeiter
Der Vorgesetzte...						
fällt seinen Entscheid und gibt ihn bekannt	begründet den von ihm gefällten Entscheid	gibt seinen Entscheid bekannt und fordert zu Fragen auf	legt seine Ideen zur Stellungnahme vor und entscheidet daraufhin	legt das Problem dar, holt Lösungsvorschläge ein und entscheidet daraufhin	legt den Handlungsspielraum fest und beauftragt die Mitarbeiter zu entscheiden	lässt die Mitarbeiter innerhalb der von ihm gesetzten Schranken entscheiden und handeln

Die Gegensatzpole seien nachfolgend noch etwas näher charakterisiert:

Der autoritäre Führungsstil

Führungskräfte in diesem Verhaltensbereich

vertrauen den eigenen Fähigkeiten mehr als denen der Mitarbeiter

treffen aufgaben- und personenorientierte Entscheide ohne Mitwirkung der Mitarbeiter

setzen die eigene Meinung durch

geben Aufgabe, Ziel und Weg vor

stellen das Gewinn- und Kostendenken in den Vordergrund

sind stark leistungsorientiert

nehmen wenig Einfluss auf die Befriedigung zwischenmenschlicher Bedürfnisse

Der kooperative Führungsstil

Führungskräfte in diesem Verhaltensbereich

suchen nach neuen Ideen und optimalen Lösungen

lassen die Mitarbeiter an den Entscheidungsprozessen aktiv mitwirken

haben klare Vorstellungen, was sie wollen

vereinbaren Ziele und gewähren den Mitarbeitern Handlungs- und Verhaltensspielräume

berücksichtigen vor allem die Priorität

befassen sich je nach Situation mit dem Menschlichen, der Zusammenarbeit, der Motivation bzw. der Leistung, dem Gewinn- und Kostendenken

nehmen starken Einfluss auf das Betriebsklima und die Bedürfnisse der Mitarbeiter

Die Tür zur Führung

Ein reiner Führungsstil ist selten. Zwar dominiert in der Regel eine Stilform; sie ist aber meistens mit Elementen anderer Stile durchsetzt.

Oft beobachtet man auch so etwas wie einen Ersatz für den angestrebten Führungsstil. Zum Zug kommt dieser ‹Ersatzstil› dann, wenn der dominante Stil keinen Erfolg zeigt oder sich aus irgendwelchen Gründen nicht eignet. Befragt man Mitarbeiter nach dem Verhaltensstil ihres Vorgesetzten, nennen sie sehr oft den Ersatzstil.

Es ist auch möglich, dass das Führungsverhalten nicht klar ausgeprägt ist oder jeweils schnell gegebenen Situationen angepasst wird, sodass Mitarbeiter den Führungsstil ihres Vorgesetzten nicht klar einordnen können.

Vom sozio-technischen Gesichtspunkt aus beschreibt der kooperative Führungsstil ein optimales Führungsverhalten, zielt es doch darauf ab, dass beste Leistungen erbracht werden und die Zufriedenheit der Mitarbeiter möglichst gross ist.

In der Praxis wird einmal die zwischenmenschliche Dimension stärker zu gewichten sein (Mitarbeiter-Orientierung), ein andermal, zum Beispiel in einer Krisensituation, wird die Sachziel-Dimension in den Vordergrund treten (Aufgaben-Orientierung).

Wie bereits gesagt, ist das Führungsverhalten von zahlreichen Faktoren aus der technologischen, ökonomischen und ökologischen Umwelt beeinflusst, ferner von den Wertvorstellungen und der Persönlichkeit des Führenden, aber auch von der Gelegenheit, andere Führungsstile kennen zu lernen. Zu betonen ist, dass das Führungsverhalten nicht etwas Fixes ist; es kann durch Lernen verändert werden.

Das Nachdenken über den eigenen Führungsstil und das Feedback anderer sollten dazu anregen zu prüfen, ob das eigene Führungsverhalten das ausdrückt, was man wirklich möchte.

Die Frage nach dem Führungsstil ist äusserst komplex, führt doch ein dichtes Bündel von Faktoren dazu, diesen oder jenen Führungsstil zu wählen oder auch einfach anzuwenden.

Hinterfragt man Führungsstile, stellt man fest, dass zunächst ganz allgemeine, oft gar nicht bewusste, aber sehr einflussreiche Faktoren eine Rolle spielen – beispielsweise gesellschaftliche Einflüsse, das persönliche Menschenbild oder die so genannte Ich-Stärke. Dann wirken sich aber auch die ganz konkreten ‹Vernetzungen›, wie sie die folgende Grafik zeigt, auf den Führungsstil aus.

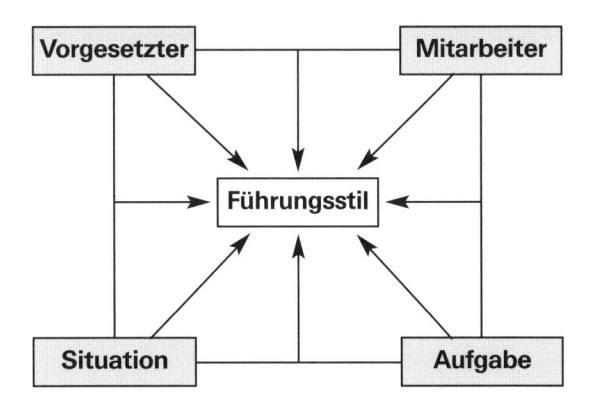

```
    Vorgesetzter ─────────── Mitarbeiter
         │    ╲         ╱    │
         │      ╲     ╱      │
         │        ╲ ╱        │
         └──────► Führungsstil ◄──────┘
         │        ╱ ╲        │
         │      ╱     ╲      │
         │    ╱         ╲    │
      Situation ─────────── Aufgabe
```

Je nach Beschaffenheit und Verflechtung der oben dargestellten Faktoren wird der Führungsstil stark variieren. Zu beachten ist besonders: Je grösser die Ansprüche der Mitarbeiter sind, desto notwendiger ist ein behutsames, partnerschaftliches, das heisst indirektes Eingehen auf die Mitarbeiter.

> **In einer Zeit, in der die Menschen Selbstständigkeit und Kommunikation als Werte und ausgeprägte Verhaltensmuster bereits im Privat- und Freizeitbereich praktizieren, kann Führung nicht einen anderen Stil praktizieren.**
> F. Decker

1.6.4 Der Vorgesetzte als Moderator

Die obigen Feststellungen machen deutlich, dass Führen verstärkt als Moderation zu verstehen ist, als ein Führen ohne Vorgesetzten-Mentalität und als ein Verhalten, bei dem alle gleichberechtigt sind.

Der Begriff Moderation

Das lateinische Wort moderatio heisst so viel wie rechtes Mass oder Harmonie. Vom Wortsinn her bedeutet Moderation also, ‹«Übereifrige", „Superschnelle" etwas zu bremsen, „Langsame", „Vorsichtige" zu aktivieren, Spannungen abzubauen und Harmonie herzustellen› (Koch).

Die Tür zur Führung

Der Führungsstil des Moderators ist gekennzeichnet durch eine ganz spezifische Grundhaltung: er versteht sich als Helfer der Gruppe.

Der Moderator sagt nicht, was richtig oder falsch, zu tun oder zu unterlassen ist, sondern er hilft der Gruppe, eigenverantwortlich zu arbeiten und Lösungen für Fragen oder Probleme selbst zu finden und umzusetzen.

Funktionen des Moderators

Gemäss F. Decker ist der Moderator

eine Art **Gärtner,**
der mit seinem Kultivator den Boden lockert, der bewässert und besorgt darüber wacht, dass alle ‹Pflanzen› gut gedeihen;

ein ‹**Geburtshelfer**›,
der die Gruppe auf das Ziel vorbereitet, ihr hilft sich zu entspannen, sich selbst zu verstehen, Ziele und Wünsche zu formulieren und Lösungen zu erarbeiten;

ein **Katalysator,**
der Prozesse beschleunigt, dies aber nur indirekt, indem er von aussen als Motivator, Anreger und Förderer wirkt; er sorgt nur für optimale Bedingungen und gibt Impulse, liefert Ideen und animiert die Gruppe;

ein **Partner,**
der die Fähigkeit hat sich einzufühlen, die Gruppe zusammenzuhalten, alles zusammenzufassen; er stellt sich nicht in den Vordergrund;

ein **Transformator,**
der Prozessbegleiter, Bewusstseinsbildner, Vermittler, Übermittler und Übersetzer von Informationen und Wissen ist und helfend eingreift, wenn der Gruppenprozess stockt (prozessuale Führung);

ein **Förderer,**
der auf die Persönlichkeit und die persönliche Situation des Einzelnen eingeht und Entfaltung, Selbstverwirklichung und persönliche Entwicklung jedes Einzelnen fördert und anregt (individuelle Führung);

ein **Experte,**
der die Zusammenhänge durchschaut und das Geschehen überblickt; er diagnostiziert, setzt Prioritäten, sondert weniger Wichtiges aus, koordiniert, fördert Kooperation, plant und organisiert (dispositive Führung).

Der Moderator ist demnach ein Gruppenleiter im Sinne einer situativen, kooperativen und partnerschaftlichen Führung. Er ist ein fachkundiger Prozessgestalter und versteht sich vor allem auf das Wie der zwischenmenschlichen Kommunikation, auf das Aufzeigen von Wegen, das Anwenden von Methoden, das Anregen von Sachgesprächen und das Zusammenfassen von Ergebnissen. Er ist in fachlicher Hinsicht kein Alleskönner, besitzt jedoch einen Überblick über Sachzusammenhänge.

Die Tür zur Führung

Die vorrangige Aufgabe des Moderators besteht darin, die Qualität der menschlichen Energie der Gruppenmitglieder zu fördern: Motivation, Leistungsbereitschaft, Überzeugungsfähigkeit, Entfaltung, Mut, Bescheidenheit, Demut, Sensibilität u. a.
Als Moderator verfügt der Vorgesetzte über Grundeinstellungen und Verhaltensweisen, die besonders auf die persönlichen und sozialen Beziehungen gerichtet sind. Dazu zählen

wahrnehmen, annehmen, ernst nehmen:

verweilen können, Ruhe ausstrahlen

sehen und ansehen statt übersehen

hören und zuhören statt selbst sprechen

wahrnehmen und diagnostizieren statt verdrängen

annehmen statt nicht ernst nehmen und verurteilen

miteinander sprechen und anknüpfen statt bloss registrieren

mitempfinden und sich mitverantwortlich fühlen statt das Eigene zur Geltung bringen

noch nicht Verfestigtes aussprechen, um gemeinsame Werdemöglichkeiten zu schaffen

feinfühlig sein und handeln:

erfahren lassen, dass man aufgehoben, gesichert sein kann

bereit sein zu helfen, aber sich nicht aufzwingen

mitfühlen und einfühlsam sein statt sich selbst darstellen

Entfaltungs- und Freiräume schaffen

miteinander planen, nachdenken und arbeiten statt vordenken, für andere handeln und festgelegt sein

feinfühlig Themen, Vorgehen und Mittel auswählen statt abspulen und auf sture Planerfüllung abzielen

Ich-Botschaften senden statt vermuten und generelle (Vor-)Urteile fällen

anderen etwas zutrauen, behutsam verstärken und Gesprächsbereitschaft fördern

nicht drängen und hetzen, sondern Zeit lassen

Gelassenheit und Demut leben

wachsam wahrnehmen, was in jedem steckt und ihn bewegt

zu anderen in Beziehung treten:

eine fragende statt behauptende Haltung einnehmen

ein offenes Klima schaffen, sodass sich die Einzelnen einbringen können

eine Vertrauensbasis aufbauen, Zustimmung signalisieren

stützen, fördern und ermutigen

Wertschätzung zeigen, ohne Bedingungen zu stellen

in Verhalten und Aussage echt, das heisst kongruent sein

seine eigene Meinung zurückhalten

Meinungsäusserungen und Verhaltensweisen anderer nicht bewerten

versuchen, anderen ihr eigenes Verhalten bewusst zu machen, sodass Störungen bearbeitet werden können, ohne Sieger oder Besiegte und moralische Appelle zu hinterlassen

Die Tür zur Führung

Der Vorgesetzte beeinflusst stets über das Wie seines Verhaltens das Gruppengeschehen.

Drei Aspekte kennzeichnen die Aufgabe des Vorgesetzten, wobei sie nicht isoliert betrachtet werden können, sondern ineinander greifen und sich wechselseitig beeinflussen:

die Persönlichkeit des Vorgesetzten

seine Methodik

sein Umgang mit der Gruppe

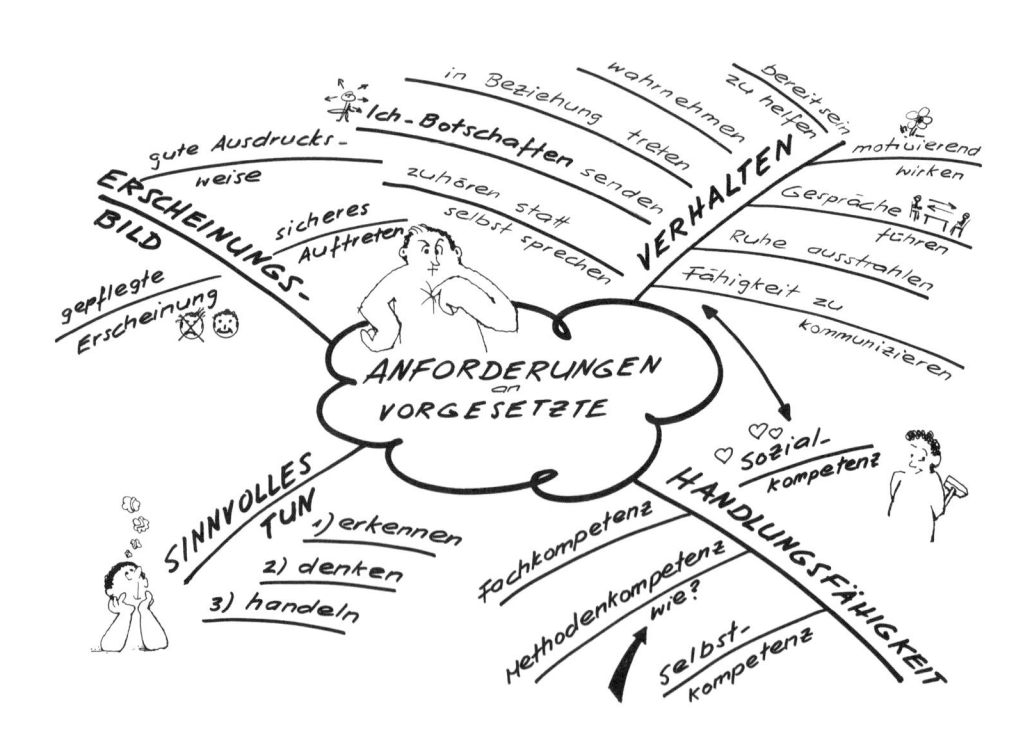

Mindmap: ANFORDERUNGEN an VORGESETZTE

- **ERSCHEINUNGSBILD**: gute Ausdrucksweise, sicheres Auftreten, gepflegte Erscheinung
- **VERHALTEN**: Ich-Botschaften senden, in Beziehung treten, wahrnehmen, bereit sein zu helfen, motivierend wirken, Gespräche führen, Ruhe ausstrahlen, Fähigkeit zu kommunizieren, zuhören statt selbst sprechen
- **SINNVOLLES TUN**: 1) erkennen, 2) denken, 3) handeln
- **HANDLUNGSFÄHIGKEIT**: Sozialkompetenz, Fachkompetenz, Methodenkompetenz, Selbstkompetenz — wie?

Die Tür zur Führung

Übung: Ich als Vorgesetzter

1. Standortbestimmung/Wirklichkeit

Was macht mir Mühe:

a) bei mir selbst?

b) bei meinen Vorgesetzten?

c) bei meinen Mitarbeitern und Mitarbeiterinnen?

2. Wunschvorstellung/Idealbild

Wie möchte ich als Vorgesetzter bzw. Vorgesetzte sein?

3. Was hindert mich daran, diese Vorstellung zu verwirklichen?

4. Was würde mir helfen, besser damit zurechtzukommen?

Die Tür zur Führung

Übung: Mein Persönlichkeitsprofil als Moderator

	sehr schwach	gering	mittel	ausgeprägt	sehr stark
selbstbewusst					
tatkräftig					
entschlossen					
temperamentvoll					
anpassungsfähig					
sachlich-nüchtern denkend					
zuverlässig					
aufgeschlossen					
launisch					
schlagfertig					
kreativ					
humorvoll					
begeisterungsfähig					
vielseitig					
ehrgeizig					
egozentrisch					
geltungsbedürftig					
impulsiv					
kontaktfreudig					
tolerant					
einfühlend					
ausgeglichen					
kompromissbereit					
optimistisch					
freundlich					
kritikfähig					
geduldig					
aufbrausend					
hilfsbereit					
fähig, andere zu beeinflussen					
autoritär					
warmherzig					
dominant					
unsicher					
aggressiv					
belastbar					
Notizen:					

Die Tür zur Führung

Übung: Meine persönlichen Schlüsselqualifikationen

Schlüsselqualifikationen	--	-	-+	+	++	Massnahmen/Ziele
Teamfähigkeit						
Persönliche Meinung vertreten						
Kameradschaft						
Konfliktfähigkeit						
Zuhören können						
Selbstständigkeit						
Lernbereitschaft						
Selbstsicherheit						
Selbstkontrolle						
Entscheidungsfähigkeit						
Grundtugenden						
Ordnungssinn						
Ehrlichkeit						
Zuverlässigkeit						
Zielstrebigkeit						
Flexibilität						
Konsensfähigkeit						
Umstellungsfähigkeit						
Beweglichkeit						
Sich anpassen können						
Kreativität						
Fantasie						
Vorstellungskraft						
Realitätssinn						
Improvisationsfähigkeit						
Organisationsfähigkeit						
Systematisches Vorgehen						
Koordinationsfähigkeit						
Persönliche Arbeitstechnik						
Rationelles Arbeiten						
Belastbarkeit						
Konzentrationsfähigkeit						
Ausdauer						
Aufmerksamkeit bei abwechslungsarmen Tätigkeiten						

Kapitel 2

Organisationsstrukturen

Was heisst organisieren?

Organisatorische Rahmenbedingungen

Aufgaben und Bereiche der Betriebsorganisation

Die Stellenbeschreibung als Organisations- und Führungsmittel

Problemlösungsmethodik

2. Organisationsstrukturen

Die Begriffe Organisieren und Organisation verbindet man gemeinhin mit Ordnung und denkt dabei etwa an ein System, das naturgegeben als Organismus vorliegt oder vom Menschen künstlich geschaffen worden ist. Allerdings machen Ordnung und Systematik allein noch keine Organisation aus. Erforderlich ist immer auch ein Ziel bzw. das Anstreben eines künftigen Zustands.

2.1 Was heisst organisieren?

Hinweise über Sinn und Zweck des Organisierens liefert bereits die Herkunft des Wortes. Organisation stammt vom griechischen Wort organon und bedeutet ursprünglich ‹Werkzeug›. Daran knüpfen die folgenden Umschreibungen an.

Organisieren heisst strukturieren

Ein komplexes System wird in einzelne Teilsysteme bzw. funktionelle Einheiten gegliedert, die als Werkzeuge zur Zielerreichung des gesamten Systems dienen.

Organisieren heisst koordinieren

Da die Funktion eines Werkzeuges von der Funktion anderer Werkzeuge abhängt, müssen die Aktivitäten der verschiedenen Einheiten aufeinander abgestimmt werden.

Organisieren heisst integrieren

Damit aus der Summe der verschiedenen Teile ein lebensfähiger ‹Organismus› wird, müssen die Einzelteile so in ein übergeordnetes Ganzes eingefügt werden, dass eine funktionelle Einheit entsteht.

Auf ein Unternehmen bezogen heisst organisieren: die hierarchischen Stufen definieren, die zwischenmenschlichen Beziehungen ordnen, die Aufgaben des einzelnen Betriebsangehörigen festlegen sowie Ablauf und Zusammenspiel der Einzelarbeiten regeln. Anders gesagt geht es um das sinnvolle Aufteilen der Grundfunktionen Planen, Leiten, Ausführen und Kontrollieren.

Wie auch immer man das Organisieren definiert: Immer sind die Kernbegriffe Strukturieren, Koordinieren und Integrieren im Spiel.

2.2 Organisatorische Rahmenbedingungen

Grob gesehen bestimmen vier Komponenten die Grenzen des organisatorischen Handlungsspielraums. Es sind dies

die Unternehmensphilosophie

die Unternehmensfakten

die Mitarbeiter

die Umwelt

Die genannten Grössen werden im Folgenden näher beleuchtet.

2.2.1 Die Unternehmensphilosophie

Die Unternehmensphilosophie ist geprägt vom Zweck, von den Zielen und von der Politik, die ein Unternehmen verfolgt.

Unternehmenszweck

Kernstück jedes Unternehmens ist es, marktfähige Leistungen für Dritte nach dem Wirtschaftlichkeitsprinzip herzustellen und so zur Bedürfnisbefriedigung der Menschen beizutragen.

Unternehmensziele

Grundziele jedes Unternehmens sind Existenzsicherung, Wachstum und Gewinn (Rentabilität).

Unternehmenspolitik

In der Unternehmenspolitik wird festgelegt, wie die Ziele erreicht werden können und welche Mittel und Wege zur Zielerreichung nötig sind.

Die Unternehmenspolitik ist die Summe aller Grundsatzentscheide, die die Handlungen der Mitarbeiter auf lange Sicht festlegen.

2.2.2 Unternehmensfakten

Als Unternehmensfakten bezeichnet man die Umstände und Gegebenheiten, welche die aktuelle Situation eines Unternehmens bestimmen und die kurzfristig nicht zu ändern sind.

Zu den Unternehmensfakten zählen

Unternehmensgeschichte

Unternehmenswachstum

Unternehmensgrösse

Branche

Wirtschaftsstufe

Programm/Leistungen

Technische Ausstattung

Verfahrenstechniken

Raumkapazität

Standorte

Finanzverhältnisse

Eigentumsverhältnisse

Rechtsform

2.2.3 Die Mitarbeiter

Jede Organisation muss die Eigenschaften und Bedürfnisse der Mitarbeiter berücksichtigen.

Organisatorische Lösungen lassen sich nur mit Menschen verwirklichen.

Dabei ist zu beachten, dass die menschlichen Kenntnisse und Fähigkeiten begrenzt sind; sie können zwar durch Ausbildung und Erfahrung gesteigert werden, dies aber nur mittelfristig.

Üblicherweise sind Organisationen hierarchisch gegliedert. Dabei begegnet man meistens drei Management-Ebenen:

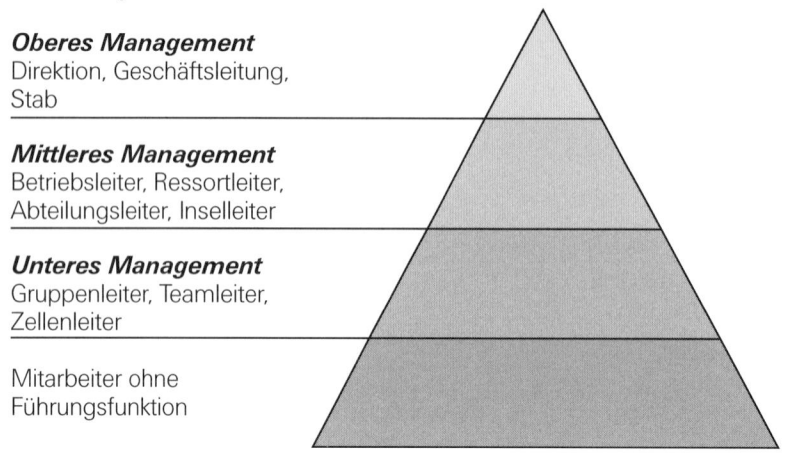

Oberes Management
Direktion, Geschäftsleitung, Stab

Mittleres Management
Betriebsleiter, Ressortleiter, Abteilungsleiter, Inselleiter

Unteres Management
Gruppenleiter, Teamleiter, Zellenleiter

Mitarbeiter ohne Führungsfunktion

Das Management bereitet im Planungsprozess die Realisierung betrieblicher Aufgaben vor und sichert mittels Kontrollen ihre Ausführung. Der nachfolgend abgebildete ‹Managementkreis› stellt diese Funktionen in ihrem Zusammenhang dar.

Der Managementkreis

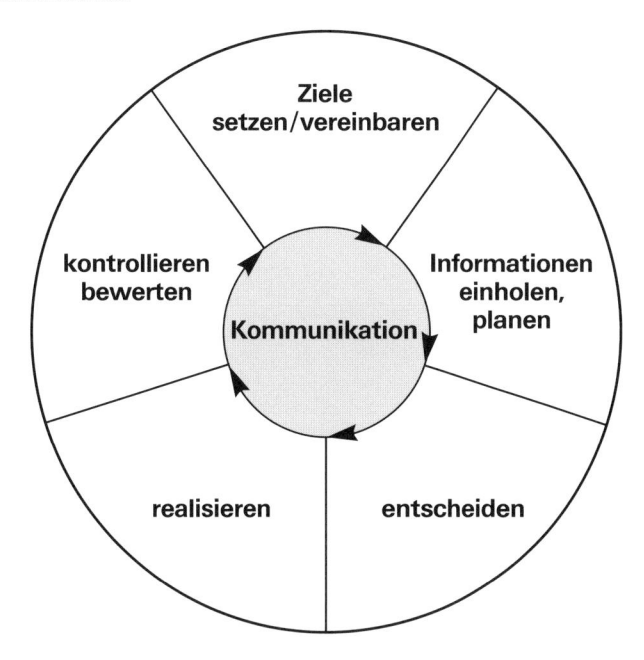

```
              Ziele
         setzen/vereinbaren

kontrollieren              Informationen
  bewerten                   einholen,
              Kommunikation    planen

      realisieren      entscheiden
```

Die einzelnen Segmente oder Funktionen können je nach Situation und Organisation grösser oder kleiner sein.

2.2.4 Umwelt

Umweltbedingungen beeinflussen eine Organisation in mancherlei Hinsicht. Einflussfaktoren sind zum Beispiel

das Wirtschaftsklima (Hochkonjunktur, Depression)

Technologie und Wissenschaft (Automation!)

der Umweltschutz

2.3 Aufgaben und Bereiche einer Betriebsorganisation

Die Organisation eines Unternehmens umfasst zwei Bereiche: einen statischen bzw. strategischen Bereich, der durch den Organisationsaufbau definiert wird, und einen dynamischen bzw. operativen Bereich, der durch Organisationsabläufe gekennzeichnet ist.

Die beiden Bereiche stehen gleichberechtigt nebeneinander und sind gegenseitig verzahnt; sie sind voneinander abhängig und ergänzen sich.

Aufbauorganisation	*Ablauforganisation*
Strukturen, Gebilde	Abläufe, Prozesse

Aufgaben	
Betrieb zweckmässig gliedern	Kundenanforderungen erfüllen
optimale Struktur wählen, realisieren und pflegen	Arbeitsabläufe zweckmässig gliedern und koordinieren
Stellen bilden und diesen Aufgaben, Kompetenzen und Verantwortung zuweisen	Regeln zur Bewältigung neuer/nicht-programmierbarer Aufgaben erarbeiten und anwenden

Hilfsmittel	
Organigramm	Ablauf-/Flussdiagramm
Stellenbeschreibung, Funktionsbild	Richtlinien
Stellen-/Funktionsziele	Arbeitsmittel
usw.	usw.

Fragen	
Wie ist der Betrieb strukturiert und aufgebaut?	Was geschieht wann, wo, wie, womit und wie lange?
Wer tut was?	Wie funktioniert das Ganze?

2.3.1 Die Aufbauorganisation als strategischer Bereich

Der Aufbau einer Unternehmung wird häufig in der Form eines Organigramms dargestellt (siehe Beispiel S. 41). Dieses zeigt, wie die Aufgaben eines Unternehmens in unterschiedliche Teilaufgaben gegliedert sind. Die häufigste Form der Aufgabenteilung ist die Gliederung nach Funktionen.

Das Aufsplitten der Gesamtaufgabe in Teilaufgaben erfordert, dass die mit den Teilaufgaben betrauten Stellen bzw. Stellengruppen koordiniert werden: Zum einen sind die Kompetenzen zu regeln, zum andern die Informations- und Anordnungsabläufe festzulegen.

Die Tür zur Führung

Beispiel eines Funktionsorganigramms

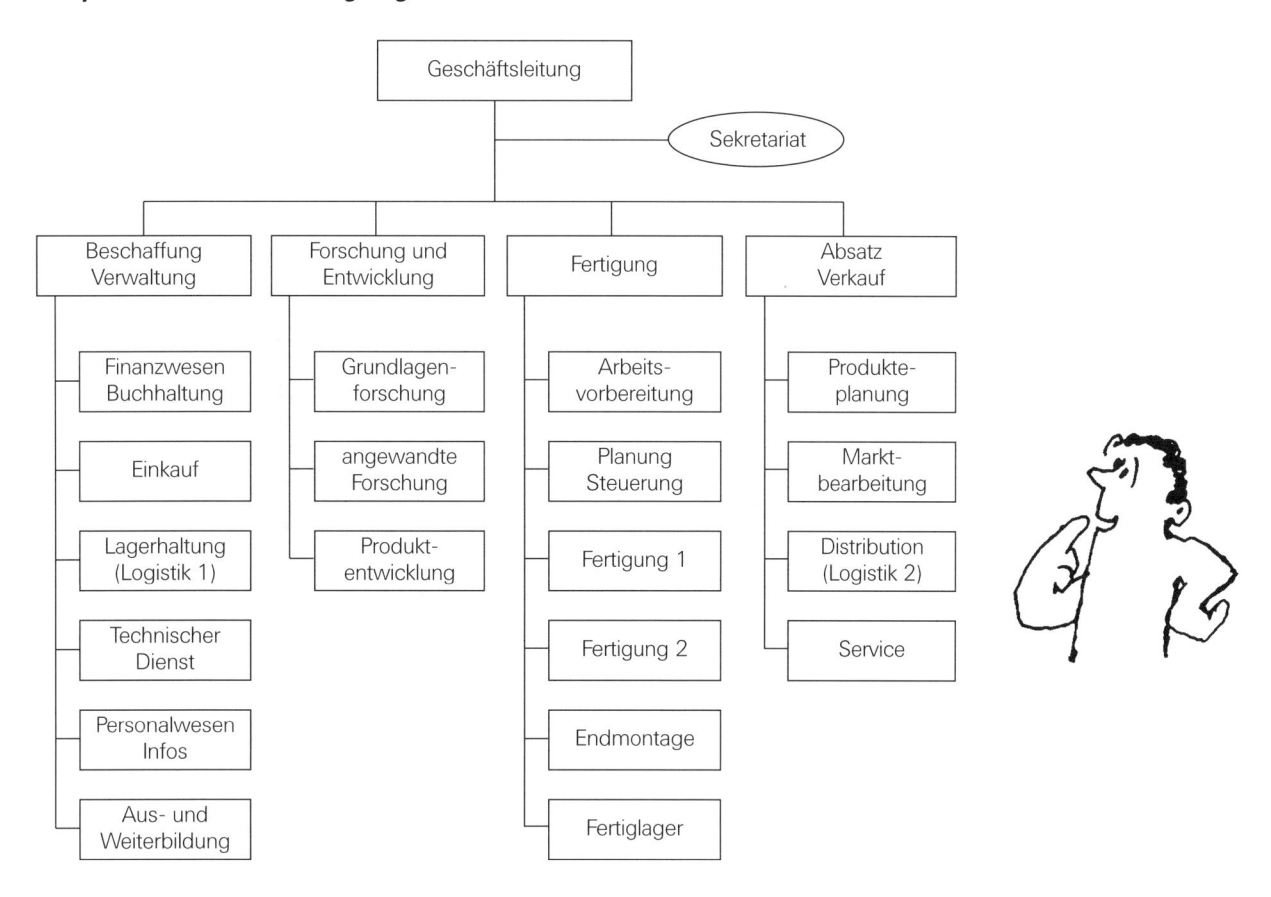

```
                          Geschäftsleitung
                                 |
                                 +———— Sekretariat
                                 |
     ┌───────────────┬───────────┴──────────┬───────────────┐
  Beschaffung    Forschung und          Fertigung         Absatz
  Verwaltung    Entwicklung                              Verkauf
     |                |                     |                |
  Finanzwesen   Grundlagen-           Arbeits-          Produkte-
  Buchhaltung   forschung             vorbereitung      planung
     |                |                     |                |
  Einkauf       angewandte            Planung           Markt-
                Forschung             Steuerung         bearbeitung
     |                |                     |                |
  Lagerhaltung  Produkt-              Fertigung 1       Distribution
  (Logistik 1)  entwicklung                             (Logistik 2)
     |                                      |                |
  Technischer                         Fertigung 2       Service
  Dienst
     |                                      |
  Personalwesen                       Endmontage
  Infos
     |                                      |
  Aus- und                            Fertiglager
  Weiterbildung
```

Die Kompetenzen, Aufgaben und Verantwortlichkeiten einer Stelle sind in der Stellenbeschreibung (Pflichtenheft) aufgeführt (siehe Kap. 2.4).
Die Informations- und Anordnungsabläufe zwischen den einzelnen Stellen sind im Organigramm mit Verbindungslinien versehen und kennzeichnen die Dienstwege.

Linienstellen

Linienstellen erhalten Aufträge von übergeordneten Stellen und sind berechtigt, Weisungen an untergeordnete Stellen zu erteilen.

Stabsstellen

Stabsstellen (im obigen Diagramm ist das Sekretariat eine solche Stabsstelle) befassen sich im Auftrag von Linienstellen mit Einzelaufgaben, arbeiten Vorschläge aus, beraten ihre Auftraggeber oder erbringen Dienstleistungen und unterstützen und entlasten so die Linienstellen.

In der Regel dürfen Stabsstellen den Linienstellen keine Anweisungen erteilen. Typische Stabsstellen sind beispielsweise Rechtsabteilungen, Controlling-Abteilungen oder Assistenzen der Geschäftsleitung.

Die eben beschriebene Aufbauorganisation bezeichnet man auch als Stab-Linien-Organisation.

Eine andere Möglichkeit der Aufgabenteilung ist die Gliederung nach Tätigkeiten oder Dienstleistungen, wie es das nachfolgende Beispiel aus dem Spitalbereich zeigt. Eine solche Gliederung ist dann sinnvoll, wenn Produktionen oder Dienstleistungen sehr unterschiedlich sind.

Beispiel eines Tätigkeitsorganigramms

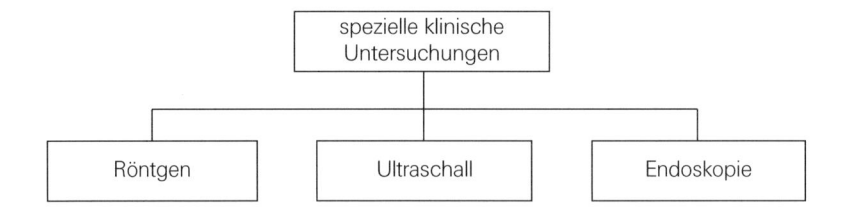

```
              spezielle klinische
               Untersuchungen
          ┌──────────┼──────────┐
       Röntgen    Ultraschall   Endoskopie
```

Ein Unternehmen kann einzelne Stellen auch ‹verselbständigen› und als Profit-Center führen. Solche Stellen – auch Sparten oder Divisionen genannt – bergen allerdings gewisse Gefahren. Es können zum Beispiel Doppelspurigkeiten auftreten (etwa dann, wenn mehrere Einkaufsabteilungen in Betrieben mit dem gleichen Lieferanten Kontakt haben). Um dies zu vermeiden, werden Aufgaben häufig zentral in einer Abteilung zusammengefasst.

Projektorganisation

In Unternehmen fallen häufig Aufgaben an, die eine einzelne Stelle nicht bewältigen kann und die die Zusammenarbeit mehrerer Stellen notwendig machen. Solche Aufgaben – sie sind immer zeitlich begrenzt – bezeichnet man als Projekte. Es geht dabei zumeist um grössere Investitionsvorhaben, beispielsweise um eine Maschinenumstellung oder um die Lösung eines Qualitätsproblems.

Für Projekte dieser Art wird temporär eine spezielle Organisation errichtet: Einzelne Stelleninhaber werden für die Dauer des Projekts ganz oder teilweise aus der bestehenden Organisation herausgelöst und bilden ein Projektteam. Das nachfolgend abgebildete Beispiel stammt aus der Maschinenindustrie.

Beispiel einer Projektorganisation

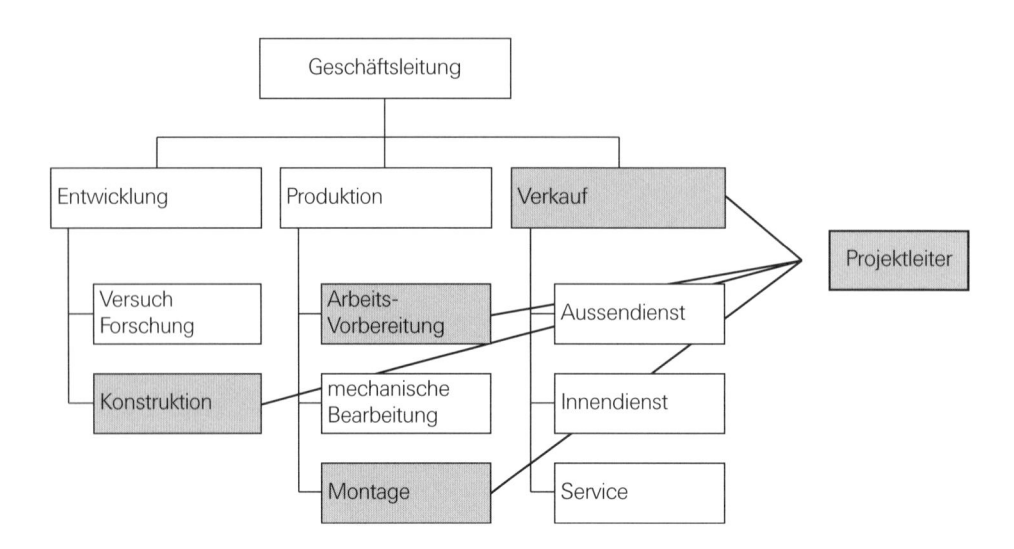

```
                    Geschäftsleitung
          ┌──────────────┼──────────────┐
     Entwicklung     Produktion       Verkauf ─────────┐
          │              │              │              │
       Versuch        Arbeits-       Aussendienst   Projektleiter
       Forschung      Vorbereitung      │
          │              │              │
       Konstruktion   mechanische    Innendienst
                      Bearbeitung
                         │
                      Montage        Service
```

Die Aufgabe der dargestellten Projektorganisation ist die Verbesserung eines Produktes. Das Projektteam besteht aus einem Projektleiter und vier weiteren Teammitgliedern aus der Konstruktion, der Arbeitsvorbereitung, der Montage und dem Verkauf. Der Projektleiter hat die Aufgabe, die Arbeiten, die in den betreffenden Abteilungen durchgeführt werden müssen, zu koordinieren.

Ein Problem dieser Art von Projektorganisation liegt darin, dass die Projektmitglieder je nach Funktion und Verantwortung zwei Aufgaben wahrzunehmen haben. Werden sie für ihre Projektarbeit nicht entsprechend freigestellt, besteht die Gefahr von Arbeitsüberlastung oder einer Verlangsamung des Projektfortschritts.

Eines der Hauptprobleme – gerade von Führungskräften – ist es, zu viel auf einmal zu tun und sich in einzelnen Aufgaben zu verzetteln.

Erfolgreiche Vorgesetzte und Mitarbeiter zeichnen sich unter anderem dadurch aus, dass sie sowohl viele als auch ganz verschiedene Tätigkeiten erledigen, indem sie sich während einer bestimmten Zeit nur einer einzigen Aufgabe widmen. Sie erledigen also immer nur eine Sache auf einmal, diese jedoch konsequent und zielbewusst. Voraussetzung dafür ist, dass man eindeutige Prioritäten setzt und sich daran hält. Eine Prioritätensetzung ist für den Erfolg eines Projekts also äusserst wichtig.

Die Aufbauorganisation einer Unternehmung ist einer Vielzahl von Einflüssen ausgesetzt, die es zu berücksichtigen gilt. Das hat zur Folge, dass Organisationen veränderten Umständen anzupassen oder sogar neu zu definieren sind. Organisationen müssen also lernende Organisationen sein.

Eine Organisation ist nichts Statisches, sondern etwas Dynamisches, das sich ständig der neuen Umweltsituation anpasst.

Entsprechend vielfältig sind denn auch die Strukturformen. Sie können eine Breitengliederung (Stellen mit vielen Unterstellen) oder Tiefengliederung (Stellen mit nur wenigen Unterstellen) aufweisen, sie können einlinig oder mehrlinig sein, sie können mit Stabsstellen ergänzt sein – kurz: es gibt verschiedene Kombinationsmöglichkeiten. Einige Formen zeigen die nachfolgenden Grafiken.

Einlinienorganisationen

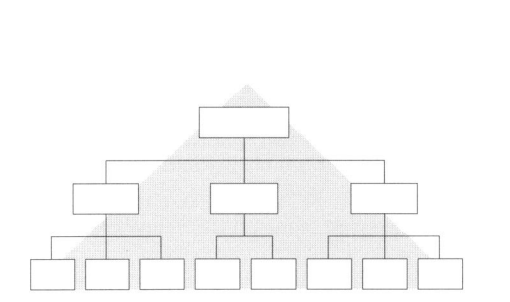

Einlinienorganisation mit Breitengliederung (flache Hierarchie)

Einlinienorganisation mit Tiefengliederung (steile Hierarchie)

Mehrlinienorganisationen

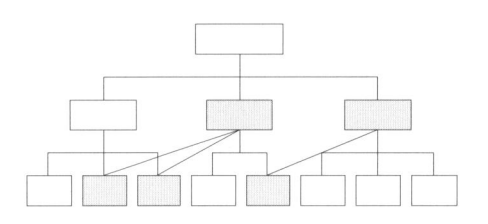

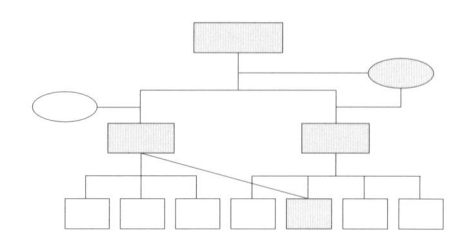

Mehrlinienorganisation   Mehrlinienorganisation mit Stabsstellen

Matrix-/Projekt-Organisation

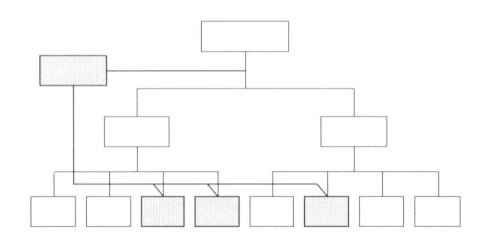

> **Vorgesetzte und Mitarbeiter sollten in die Organisationsplanung und -entwicklung möglichst einbezogen werden, um Veränderungen mitentscheiden und demzufolge auch mittragen zu können.**

2.3.2 Die Ablauforganisation als operativer Bereich

Die Bildung funktionsfähiger Einheiten und ihre Anordnung innerhalb einer Aufbaustruktur ist der eine Organisationsbereich, die Ablaufgestaltung der andere. Bei dieser geht es darum, die Aufgaben zu realisieren und die erforderlichen Arbeitsprozesse zu strukturieren.

Ziel der Ablauforganisation ist also die Schaffung einer funktionsfähigen und anpassungsfähigen Prozessstruktur. Das heisst: Die zahlreichen und vielfältigen Arbeitsprozesse, die zur Erfüllung der betrieblichen Gesamtaufgabe notwendig sind, müssen so strukturiert werden, dass ein möglichst hoher Grad an Zweckmässigkeit, Wirtschaftlichkeit, Stabilität, Elastizität und Koordination erreicht wird.

Die Führung im operativen Bereich ist darauf ausgerichtet, konkrete Aufträge mit den vorgegebenen Mitteln und Verfahren zu verwirklichen. Gegenstand der operativen Führungsmassnahmen sind damit die konkreten Aktivitäten der Unternehmung.

Die Tür zur Führung

Im Mittelpunkt einer ablauforganisatorischen Gestaltung stehen zum Beispiel folgende Aufgaben:

Beschaffung

Offerten einholen

Betriebsmittel beschaffen

Bestellungen bearbeiten

Rohmaterial bewirtschaften

Lieferanten beurteilen

Produktion

Reihenfolge der Arbeitsgänge festlegen

Termine überwachen

Qualitätskontrollen durchführen

Maschinen und Anlagen instand halten

Auftragspapiere erstellen

Absatz

Werbung durchführen

Produkte verkaufen

Kunden beraten

Marktforschung betreiben

Vorgehen bei Reklamationen festlegen

Grundsätzlich wird in der Ablauforganisation festgelegt,

was zu tun ist

wer für die Durchführung einer Tätigkeit verantwortlich ist

wie und in welcher Reihenfolge die Tätigkeit auszuführen ist

wann, in welcher Zeit(folge) die Arbeit zu verrichten ist

womit, das heisst mit welchen Arbeits- und Hilfsmitteln die Arbeit zu bewerkstelligen ist

wo die Tätigkeit ausgeführt wird

Die Tür zur Führung

Mit klar und einfach gestalteten Arbeitsabläufen kann man gewährleisten, dass nur notwendige Arbeitsgänge durchgeführt und Doppelspurigkeiten vermieden werden.

Eine gute Organisation richtet die Leistungen und das Verhalten jederzeit auf die Bedürfnisse der Kunden, der Mitarbeiter und auf die Markttendenzen aus.

> **Eine Organisation hat keinen Wert in sich.**
> **Sie erhält ihn erst, wenn sie optimal dazu beiträgt,**
> **die Unternehmensziele zu erreichen.**

2.4 Die Stellenbeschreibung als Organisations- und Führungsmittel

Stellenbeschreibungen sind ein zentrales Mittel, ein Unternehmen gut zu führen. Sie fassen Aufgaben in sinnvolle Bereiche zusammen, in denen der Mitarbeiter selbstständig handeln und entscheiden kann, und wirken so motivierend und leistungsfördernd.

Eine Stellenbeschreibung ist ein verbindliches und in einheitlicher Form abgefasstes Dokument, das eine Stelle im Organisationsaufbau situiert, Ziele, Aufgaben, Kompetenzen und Verantwortlichkeiten festlegt und die wichtigsten Beziehungen zu anderen Stellen darlegt.

Statt von Stellenbeschreibung spricht man auch von

Arbeitsplatzbeschreibung

Pflichtenheft

Kompetenzheft

Funktionsbeschreibung

Funktionsbild

Aufgabenkatalog

Zwischen Stellen- und Funktionsbeschreibung besteht ein Unterschied: Während die Stellenbeschreibung persönliche, den Stelleninhaber betreffende Aufgaben (Kompetenz und Verantwortung) aufführt, nimmt die Funktionsbeschreibung auf die Stärken der einzelnen Person keine Rücksicht.

Eine Stellenbeschreibung soll

Klarheit über hierarchische Über- und Unterordnungsverhältnisse schaffen

Aufgaben, Verantwortung und Kompetenz aufzeigen

zur Überprüfung und zur Verbesserung der Organisationsstruktur beitragen

das Einarbeiten neuer Mitarbeiter erleichtern

die Arbeitsplanung erleichtern

die Arbeitszufriedenheit erhöhen

Einsatz, Kontrolle und Beurteilung können nur dann sinnvoll durchgeführt werden, wenn die Stellenbeschreibungen immer auf dem neuesten Stand sind.

Nicht verschwiegen sei, dass Stellenbeschreibungen auch Gefahren in sich bergen. So können sie beispielsweise Mitarbeiter dazu verleiten, sich auf Vorschriften zu stützen statt selbstständig, eigenverantwortlich und kreativ zu denken und zu handeln. Möglich sind auch Fehlinterpretationen – etwa aufgrund unklarer Formulierungen.

2.4.1 Die Inhaltspunkte einer Stellenbeschreibung

Eine Stellenbeschreibung sollte folgende Punkte enthalten (siehe Inhaltsraster und Beispiel S. 53f.):

Name des Unternehmens

Funktion des Stelleninhabers

Name des Stelleninhabers

Stellvertretung des Stelleninhabers (durch/für)

Damit die Kontinuität der Aufgabenerfüllung gesichert ist, muss für jede Stelle der Stellvertreter dokumentiert sein.

Anforderungen

Die Kriterien, die für die Stelle wichtig oder wünschenswert sind, liefern bei Anstellungen wertvolle Anhaltspunkte (erforderliche Ausbildung, Praxis, Weiterbildung, Zusatzkenntnisse wie Sprachen oder EDV usw.)

Status

Gemäss Organigramm wird die hierarchische Position angegeben. Genannt werden

direkte vorgesetzte Stellen

andere weisungsbefugte Stellen

nebengeordnete Stellen

nachgeordnete Stellen

Ziele

Die Aufgaben- und Arbeitsziele der Stelle sind präzis zu formulieren.

Aufgaben

Dies ist der ausführlichste Teil der Stellenbeschreibung. In Aufgabenkategorien werden die wesentlichen und typischen Haupt- und Nebenaufgaben der betreffenden Stelle definiert und aufgelistet. Aus den Aufgaben ergeben sich die Rahmenbedingungen für Kompetenzen und Verantwortlichkeiten.

Erstellungs- bzw. Revisionsdatum

Die Stellenbeschreibung sollte immer aktuell gehalten und zum Beispiel im Rahmen von Qualifikationsgesprächen angepasst werden.

Unterschrift des Stelleninhabers und des Vorgesetzten

2.5 Problemlösungsmethodik

Es lässt sich nicht vermeiden: In Organisationen treten Probleme auf. Oft kann man sie ‹wie gehabt› lösen, oft aber steht man vor einer hohen Wand mit vielen Fragezeichen.

Gerade in Teams, in teilautonomen Arbeitsgruppen, ist es entscheidend, so genannte ‹Routineprobleme› rasch lösen zu können, damit der Arbeitsprozess nicht zu lange gestört wird. Bei aussergewöhnlichen Problemen, bei denen man die Ursachen nicht sofort erkennt, ist es wichtig, systematisch vorzugehen, um die Problemquellen möglichst rasch zu finden.

> **Das Problem zu erkennen ist wichtiger, als die Lösung zu finden. Denn die genaue Darstellung des Problems führt fast automatisch zur richtigen Lösung.**
> **Albert Einstein**

Die Problemquellen liegen immer in einem Auseinanderklaffen von Soll- und Ist-Zustand. Um diese Kluft zu entdecken, muss man zunächst den Ist-Zustand analysieren, um den Problemursachen auf die Spur zu kommen. Sind diese gefunden, beschreibt man den Soll-Zustand und sucht nach Wegen, um ihn zu erreichen. Dabei sollte man immer mehrere Möglichkeiten in Betracht ziehen und dann jenen Weg festlegen, der allen Beteiligten geeignet erscheint. Nun gilt es diesen Weg zu konkretisieren: Anhand eines Aktionsplans definiert man die erforderlichen Massnahmen und Erfolgskontrollen.

Die genannten Schritte zur Lösung von Problemen seien hier – verbunden mit entsprechenden Fragestellungen – nochmals festgehalten.

1. Schritt: Situation analysieren

Welches Problem liegt vor? Was soll verbessert werden?

Wo und wann treten Schwierigkeiten auf?

Wer ist davon betroffen und wie stark?

Welche Auswirkungen hat die jetzige Situation?

2. Schritt: Ursachen suchen

Ist das Problem neu oder warum taucht es jetzt auf?

Welche Problemquellen sind denkbar? (Brainstorming)

Welche Ursachen sind am wahrscheinlichsten?

3. Schritt: Ziele setzen

Was soll erreicht werden?

Was ist zu ändern respektive beizubehalten?

Gibt es Muss- und Wunsch-Ziele (Prioritäten)?

Welche Grenzen oder Bedingungen sind zu beachten?

4. Schritt: Lösungen suchen

Wie kann die Schwierigkeit behoben werden?

Welche Lösungsmöglichkeiten gibt es? (Kreativitätsmethoden)

5. Schritt: Sich für eine Lösung entscheiden

Welche Kriterien sind zur Zielerreichung wichtig?

Welche Lösungsvorschläge sind realisierbar und welche nicht?

Welche Vor- und Nachteile haben die realisierbaren Lösungen?

Welches ist die geeignetste Lösung?

6. Schritt: Realisierung planen

Wie sieht der gewählte Lösungsweg praktisch aus? Wie ist vorzugehen?

Wer tut was, bis wann, womit? (Personen-, Zeit- und Mittelaufwand)

Wie und wann werden Fortschritte kontrolliert? (Erfolgsbeurteilung)

Erst beim zuletzt angesprochenen Punkt, beim Kontrollieren der Lösungsumsetzung, zeigt sich, ob der eingeschlagene Weg tatsächlich zur Problemlösung geführt hat oder ob die obigen Schritte erneut durchzuarbeiten sind.

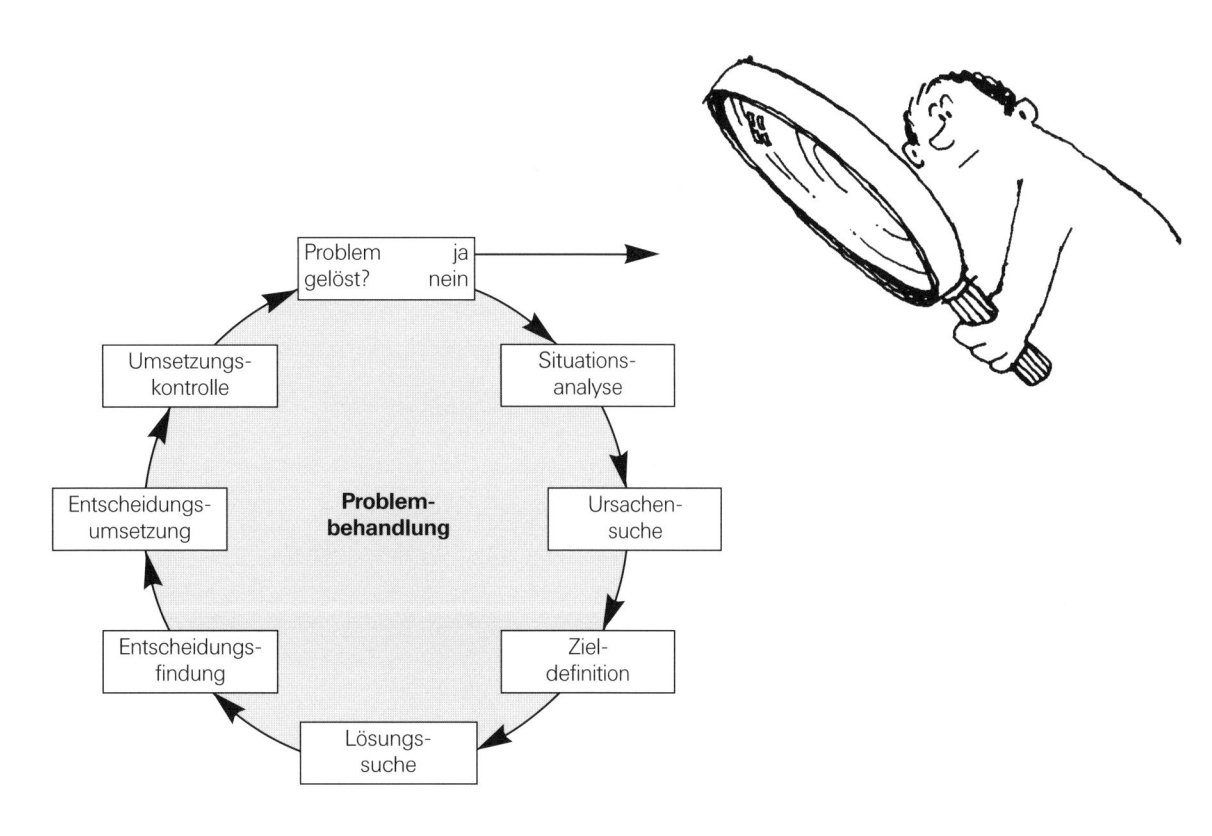

2.5.1 Problemlösung mit Hilfe der Pinnwand

Ein ideales Hilfsmittel für Problemlösungen bildet die Pinnwand-Moderationstechnik. Ihr Nutzen liegt vor allem im strukturierten Vorgehen, im Visualisieren (im angesprochenen Fall der Lösungsschritte) sowie im Einbeziehen und Aktivieren aller Anwesenden.

Der Vorgesetzte bzw. der Moderator hat den Ablauf der Problemlösungsthematik vorher zu konzipieren und entsprechende Fragen zum Problem zu formulieren.

Die sorgfältige Vorbereitung eines zweckmässigen Ablaufs der Pinnwand-Moderation ist entscheidend für den Erfolg der Problembearbeitung und Lösungsfindung. Gerade in diesem absoluten Zwang zur Vorbereitung liegt eine der Stärken dieser Methode. Natürlich ist eine Vorbereitung für jede Sitzung oder Instruktion erforderlich; denn jeder Praktiker weiss, dass meistens hier die Wurzeln von Erfolg und befriedigenden Resultaten liegen.

Eine Moderation gliedert sich immer in mehrere Abschnitte. Der klassische Ablauf besteht aus folgenden Teilen:

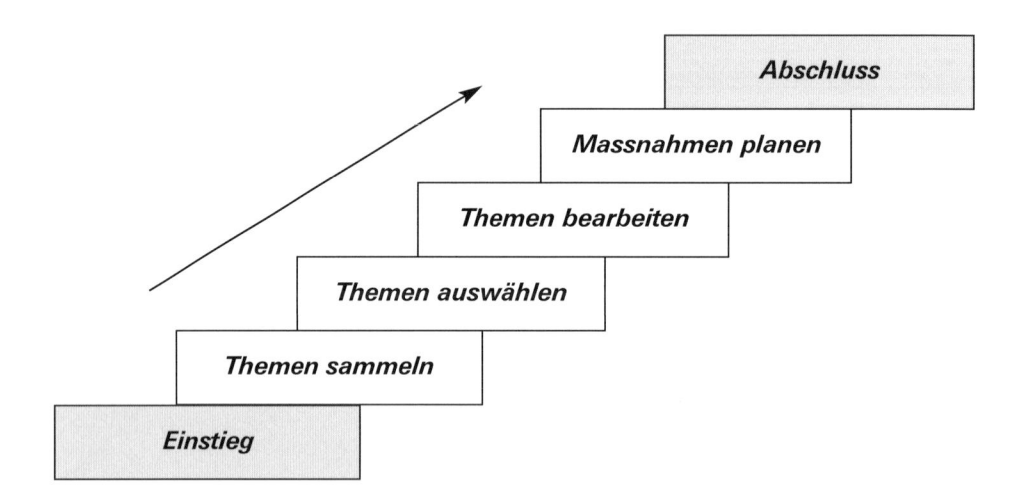

Einstieg → Themen sammeln → Themen auswählen → Themen bearbeiten → Massnahmen planen → Abschluss

Einstieg

Die Teilnehmer werden auf die Aufgabe eingestimmt. Dabei sind

Ziel und Zeitplan bekannt zu geben

die Teilnehmer für die vorgesehene Vorgehensweise (Methodik) zu gewinnen

allenfalls Regeln für die Zusammenarbeit zu vereinbaren

Themen sammeln

Der erste inhaltliche Arbeitsschritt besteht in einer Art ‹Materialsammlung›. Methodisch kann man

Karten zur schriftlichen Beantwortung der Fragestellung verteilen

die ‹Ideenkarten› einsammeln und visualisieren

auf der Pinnwand Gliederungen vornehmen und Zuordnungen treffen

Themen auswählen

Der nächste Schritt gilt der Frage, welche Themen respektive Aufgaben die Gruppe behandeln will. Die Pinnwand-Moderation eignet sich,

die Teilnehmer aufzufordern, ihr Votum zu gewichten (zum Beispiel mit Klebepunkten)

den Ablauf oder die Rangfolge der Themen bzw. Aufgaben zu visualisieren

Themen bearbeiten

Die Themen oder Aufgaben werden nun nach ihrer Gewichtung bearbeitet. Dabei wird man

geeignete Methoden vorschlagen (eventuell Bearbeitung in Kleingruppen)

auf eine möglichst konkrete Themenbearbeitung achten

eine effiziente Bearbeitung anstreben

Massnahmen planen

Nun ist festzulegen, welche Massnahmen aufgrund der Ergebnisse aus der Themenbearbeitung zu treffen sind. In diesem Moderationsabschnitt ist es wichtig,

für jede Tätigkeit Verantwortlichkeiten, Terminierung sowie Kontrollen zu vereinbaren

die Teilnehmer zu konkreten Aktivitäten zu verpflichten

klare Termine zu setzen, um die Realisierung der Massnahmen zu gewährleisten

Abschluss

Der Moderator kann seine Tätigkeit mit einer Feedback-Runde beenden und den Gruppenprozess reflektieren, indem er zum Beispiel folgende Fragen stellt:

Sind wir oder bin ich mit dem Gruppenergebnis zufrieden?
Wurden meine persönlichen Erwartungen erfüllt?
Habe ich die Arbeit als gut empfunden?
Habe ich mich in der Gruppe wohl gefühlt?
Was für Verbesserungen möchte ich vorschlagen?

Die Tür zur Führung

Die Problemlösungsschritte (Situationsanalyse, Ursachensuche, Zieldefinition, Lösungssuche, Entscheidungsfindung, Realisierungsplanung) bieten sich geradezu an, die beschriebenen Moderationsabschnitte und -methoden anzuwenden. Sie tragen nicht zuletzt dazu bei, die Informations- und Kommunikationsbeziehungen innerhalb von Gruppen und letztlich innerhalb einer Organisation zu erhalten und allenfalls sogar zu verbessern.

Die Tür zur Führung

Stellenbeschreibung: Inhaltsraster

1. **Unternehmung**

2. **Funktionsbeschreibung**

3. **Stelleninhaber**

4. **Stellvertretung**

5. **Anforderungen**

6. **Status**

7. **Ziele**

8. **Aufgaben**
   (Kompetenzen und
   Verantwortung)

9. **Erstellt am:**   **Revidiert am:**   **Verteiler:**

10. **Unterschriften**

    Datum: Stelleninhaber: Vorgesetzte Stelle:

Die Tür zur Führung

Stellenbeschreibung: Praxisbeispiel

1. Unternehmung	Klinik und Hotelbetrieb und Personalhäuser
2. Funktionsbeschreibung	Leiter Technischer Dienst
3. Stelleninhaber	Karl Schwarz
4. Stellvertretung durch	Gruppenführer Sanitär/Heizung
5. Anforderungen	Elektromonteur, Stark- und Schwachstrom Mehrjährige Erfahrung, guter Praktiker Weiterbildung Gebäudeautomation (evtl. El.-Techniker) Kenntnisse von Heizung und Wasseraufbereitung Autofahrer Kat. D1 Führungserfahrung Belastbarkeit
6. Status	
Direkt vorgesetzte Stelle	Verwaltungsdirektor
Nebengeordnete Stellen	verschiedene Berufsleute
Untergeordnete Stellen	1 Sanitär-Heizungsmonteur, 1 Maler-Tapezierer 1 Chauffeur/Gärtner, 1 Hilfsarbeiter
7. Ziele	Reibungsloses Funktionieren der techn. Anlagen im Tag- und Nachtbetrieb in Klinik, Hotel, Personalhäusern

8. Aufgaben

Fachlich:
- Sicherstellung der Funktionen aller techn. Anlagen
- Unterhalt der technischen Anlagen und Gebäude
- Überwachen von Telefonanlagen, Heizungen, Wasseraufbereitungsanlagen, Schwimmbädern, Aussenanlagen
- Koordination interner und externer Revisionsarbeiten
- Kontrolle der Ausführung externer Serviceaufträge
- Abnahme neuer Installationen und Anlagen
- Planen von Umbauten inkl. Einholen von Offerten
- Organisation des Feueralarms mit jährlichen Übungen
- Kontrolle der Einhaltung von Sicherheitsvorschriften
- Aufrechterhaltung des Fahrdienstes (intern und extern)
- Ambulanzdienst

Personell:
- Rekrutierung neuer Mitarbeiter in Koordination mit Verw.-Dir. und Leiterin Personalwesen
- Führung/Förderung des unterstellten Personals
- Anträge und Kontrolle im Fortbildungsbereich
- Mitarbeiterqualifikation
- Koordination des Personaleinsatzes
- Arbeitskontrolle, Ferienpläne, Überzeitkontrolle
- Erstellen der Pikettdienstpläne
- Abfassen der Arbeitszeugnisse in Zusammenarbeit mit Personalstelle

Administrativ:
- Rapportwesen, Kontrolle eingehender Rechnungen
- Archivierung von Plänen (Immobilien)
- Abrechnungsunterlagen für Fremdleistungen (Heizung)

Die Tür zur Führung

Stellenbeschreibung: Karl Schwarz Seite 2

	Sonderaufgaben: – Sicherheitsbeauftragter Klinik, Hotel und Personalhäuser – Ansprechpartner/Vertretung nach aussen mit Fremdfirmen (Architekten, Ortsfeuerwehr, Polizei, Swisscom, Planungsbüro bei Erweiterung techn. Anlagen und Renovationen) – Berater Pferdepflege, Physiohelferin (Tierarzt usw.)
Kompetenz und Verantwortung	***Organisatorisch:*** Besitzt alle zur Durchführung der in der Stellenbeschreibung aufgeführten Aufgaben notwendigen Kompetenzen und deren Verantwortung ***Weisungsbefugnisse:*** Besitzt volle Weisungsbefugnis in allen fachlichen Fragen des unterstellten Bereiches ***Informationsrechte:*** Hat das Recht der Einsichtnahme in allen Angelegenheiten seines Aufgabenbereiches ***Unterschriftenberechtigung:*** intern: alles im Rahmen des Aufgabenbereiches extern: nach Absprache mit Verwaltungs-Direktion ***Finanzielle Kompetenzen:*** Ersatz/Neuanschaffungen bis Fr. 1200.– und übliches Verbauchsmaterial, grössere Materialbestellungen nach Bewilligung von Erweiterungen oder Renovationen ***Personale Kompetenz:*** Zuweisung von Arbeiten auch von berufsfremden Sachen an unterstellte Mitarbeiter
Informationspflicht	Vorschlag der Löhne und Zulagen in Absprache mit Personaldienst Laufend ausserordentliche Vorkommnisse im unterstellten Bereich Technik/Gebäudezustand
Bewertungsmassstab der Stelle	Jahresziele Personalführung Teamorganisation
Datum	Stelleninhaber Vorgesetzte Stelle

_____   _____   _____

Verteiler
Stelleninhaber (Original)
Vorgesetzte Stelle (Kopie)
Personaldossier (Original)

Kapitel 3

Führen durch Delegieren

Was beinhaltet richtiges Delegieren?

Ist Verantwortung delegierbar?

Voraussetzungen für wirkungsvolles Delegieren

Delegationsfehler vermeiden

Die Auftragserteilung

3. Führen durch Delegieren

Wachsende Anforderungen, zunehmende Spezialisierung und Arbeitszeitverkürzungen führen dazu, dass Vorgesetzte nicht mehr wie früher nur durch Einzelanweisungen führen können, sondern Aufgaben an Mitarbeiter delegieren müssen.

3.1 Was beinhaltet richtiges Delegieren?

Delegieren bedeutet: Aufgaben, Kompetenzen und Verantwortung an nachgeordnete Stellen (Abteilungen, Gruppen oder Mitarbeiter) übertragen. Im Gegensatz zu einer Auftragserteilung (siehe Kap. 3.5) handelt es sich beim Delegieren um eine dauerhafte Auftragsübertragung.

> **Im Idealfall besteht das Delegieren darin, ein Ziel vorzugeben, das für den Mitarbeiter erstrebenswert und herausfordernd ist.**

Delegieren als Organisations- und Stilprinzip

Delegieren ist zugleich Organisations- und Stilprinzip.

Als **Organisationsprinzip** bedeutet Delegieren, dass

- den Mitarbeitern langfristig Aufgaben bzw. Aufgabenbereiche zugewiesen werden
- die Mitarbeiter alle Kompetenzen (formale Rechte/Befugnisse) erhalten, die zur ordnungsgemässen Aufgabenerfüllung erforderlich sind
- die Mitarbeiter die Verantwortung übernehmen, die sich aus der Übertragung der Aufgabe und der dazugehörigen Kompetenzen ergibt

Ausmass und Umfang des Delegierens sollten nicht nur dem individuellen Ermessen des Vorgesetzten überlassen sein. Vielmehr ist dieser Gesichtspunkt bereits beim Gestalten der Organisationsstrukturen und beim Verfassen der Stellenbeschreibung mit einzubeziehen.

Als **Stilprinzip** bedeutet Delegieren, dass der Vorgesetzte als Führender dazu beiträgt,

- die Eigeninitiative und Entfaltungsmöglichkeit der Mitarbeiter zu vergrössern
- die Motivation zu selbstständigem Entscheiden und Handeln zu erhöhen
- das Selbstwertgefühl und das Verantwortungsbewusstsein der Mitarbeiter zu stärken

Das Delegieren hat nicht nur den Zweck, den Vorgesetzten zu entlasten, sondern ist auch ein Mittel, die Mitarbeiter zu motivieren und auf allen Stufen raschere und sachgerechtere Entscheidungen und Aufgabenerfüllungen zu ermöglichen.

Delegierbare Aufgaben

Grundsätzlich kann und soll jede Aufgabe delegiert werden, welche die Mitarbeiter aufgrund ihrer Person, ihrer Position, ihrer Erfahrungen und Fähigkeiten erfüllen können. Auch anspruchsvolle, herausfordernde Aufgaben sind delegierbar. Gerade sie vermögen die Leistungsfähigkeit und die Initiative von Mitarbeitern anzuspornen und zu fördern: Blosse Routineaufgaben sind wenig motivierend und kaum geeignet, den Mitarbeitern Reserven zu entlocken und ihre Spezialkenntnisse und Fähigkeiten produktiv zu nutzen.

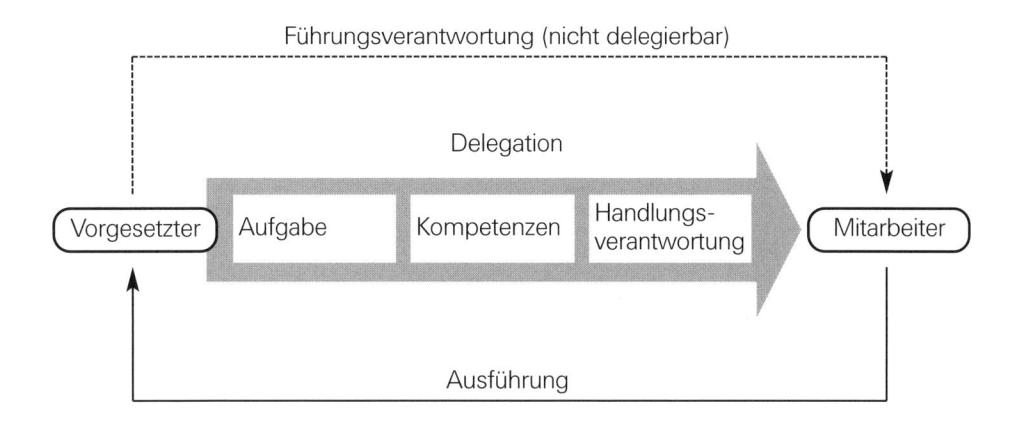

```
          Führungsverantwortung (nicht delegierbar)
                         Delegation
  Vorgesetzter → Aufgabe | Kompetenzen | Handlungs-    → Mitarbeiter
                                         verantwortung
                         Ausführung
```

Nicht delegierbar sind Führungsaufgaben wie zum Beispiel das Auswählen von Mitarbeitern, das Vereinbaren von Zielen, das Motivieren und Qualifizieren von Mitarbeitern (siehe dazu Kap. 3.2).

Den Zuständigkeitsbereich respektieren

Die Mitarbeiter erhalten beim Delegieren einen Zuständigkeitsbereich, der sie berechtigt und verpflichtet, selbstständig zu planen, zu entscheiden und zu handeln. Umgrenzt wird dieser Zuständigkeitsbereich primär durch die Zielsetzung der Aufgabe und durch die Stellenbeschreibung, aber auch durch allgemeine Vorschriften und Richtlinien.

In den Zuständigkeitsbereich des Mitarbeiters darf der Vorgesetzte nur in Ausnahmefällen eingreifen – konkret etwa dann, wenn die Fehlleistung eines Mitarbeiters schwerwiegende Folgen hat oder wenn eine Entscheidungssituation eintritt, welche die Kompetenz des Mitarbeiters übersteigt.

Im Sinne einer kooperativen Führung ist es unerlässlich, beim Delegieren

Fähigkeiten und Interessen der Mitarbeiter so weit wie möglich zu berücksichtigen
Aufgaben stets mit Kompetenzen und Verantwortungen zu verbinden
möglichst vollständige Aufgaben und nicht nur isolierte Teilaufgaben zu übertragen
die Mitarbeiter umfassend zu informieren

Die Tür zur Führung

3.2 Ist Verantwortung delegierbar?

Ein Mitarbeiter, der Kompetenzen erhält, muss grundsätzlich das Recht haben, alle Entscheidungen zu treffen und alle Handlungen zu vollziehen, die zur Erfüllung des ihm übertragenen Aufgabenbereichs erforderlich sind. Der Vorgesetzte ist dafür nicht mehr zuständig und auch nicht mehr verantwortlich.

Aber: Kann man Verantwortung überhaupt delegieren? Bleibt sie nicht letztlich doch immer beim Vorgesetzten? Verleitet das Delegieren von Verantwortung nicht dazu, dass sich der Vorgesetzte bei Fehlschlägen hinter der ‹Delegation› verschanzt und am Ende gar niemand verantwortlich sein will?

Hier ist klar zwischen Führungs- und Handlungsverantwortung zu unterscheiden (vgl. Kap. 1.4.6). Der **Mitarbeiter** trägt für die Erfüllung delegierter Aufgabenbereiche mit entsprechenden Befugnissen die **Handlungsverantwortung.**

Auch der **Vorgesetzte** trägt eine Handlungsverantwortung. Sie erwächst aus der Fachaufgabe und den damit verbundenen Kompetenzen. Zusätzlich aber trägt er die übergeordnete Verantwortung, das heisst die **Führungsverantwortung.** Diese ergibt sich aus den Führungsaufgaben und den damit verbundenen Verpflichtungen.

Beim Delegieren haben Führungs- und Handlungsverantwortung folgende Inhalte:

Führungsverantwortung

Aufgabenabgrenzung

Mitarbeiterauswahl

Aufgabenzuteilung

Zielsetzung bzw. Zielvereinbarung

Instruktion/Moderation

Information

Mitarbeiterqualifikation

Kontrolle (Controlling)

Handlungsverantwortung

sachgerechte Ausführung
termingerechter Vollzug
Einhalten der Rahmenbedingungen

Der Vorgesetzte ist demnach für das Ganze respektive für das Zusammenwirken aller Teile verantwortlich und hat dafür zu sorgen, dass seine Mitarbeiter zielgerichtet mit ihm und untereinander zusammenarbeiten. Anders gesagt:

> **Der Vorgesetzte ist für das Gesamte,**
> **nicht aber für alles verantwortlich,**
> **was in seinem Aufgabenbereich geschieht.**

Ein wichtiger Bestandteil des Führens durch Delegieren besteht darin, die Verantwortungsbereiche der Mitarbeiter zu fördern und den gegebenen Möglichkeiten gemäss zu erweitern.

3.3 Voraussetzungen für wirkungsvolles Delegieren

Erfolgreiches Delegieren setzt voraus, dass die Aufgaben wirklich übertragbar sind. Dabei sind folgende Aspekte zu überdenken:

Zeitliche Reichweite
Aufgaben mit kurzer zeitlicher Reichweite (zum Beispiel Stellvertretungen) lassen sich leichter delegieren.

Wirkungsbreite
Je mehr Bereiche betroffen sind, umso weniger ist eine Aufgabe delegierbar (Abstufungsbereiche sind: Arbeitsplatz, Gruppe, Abteilung, ganzes Unternehmen).

Wirkungsintensität
Je höher der materielle Einsatz und je grösser die Kosten, desto weniger ist eine Aufgabe delegierbar.

Personelle Wirkung
Aufgaben mit einschneidenden Auswirkungen auf Personen (Entlassungen, Einstellungen, Versetzungen, Beförderungen) sind auf einer höheren Ebene zu bearbeiten als reine Sachaufgaben.

Unsicherheit und Risiko
Je grösser das Risiko und je unsicherer das Ergebnis einer Aufgabe ist, desto weniger ist sie delegierbar.

Häufigkeit
Routinearbeiten können leichter delegiert werden als Ausnahmefälle.

Die Tür zur Führung

Neben den Aspekten der Delegierbarkeit sind die Persönlichkeit, die Fähigkeiten und die Arbeitssituation des Mitarbeiters zu berücksichtigen.

Ein Mitarbeiter, der eine Aufgabe übernimmt, muss

fachlich ausreichend qualifiziert sein

über genügend Arbeitskapazität verfügen

Leistungsbereitschaft und Verantwortungsbewusstsein besitzen

Für ein wirkungsvolles Delegieren ist schliesslich die Kontrollplanung wichtig. Zu klären ist,

wann Kontrollen erforderlich sind (Kontrolltermine)

in welchem Ausmass Kontrollen nötig sind (Kontrollumfang)

wie die Kontrollen durchzuführen sind (Kontrollmittel)

Das Kontrollieren delegierter Aufgaben dient der Informationsbeschaffung und darf nicht aus Misstrauen erfolgen oder gar in Spitzelei ausarten.

Der Vorgesetzte muss den Zuständigkeitsbereich eines Mitarbeiters strikt respektieren.

3.4 Delegationsfehler vermeiden

Delegieren verlangt Erfahrung und Können. Häufig werden elementare Fehler gemacht, die es unbedingt zu vermeiden gilt. Einige davon sind hier aufgeführt.

Delegation ohne Übertragung von Kompetenzen und Handlungsverantwortung

Der Vorgesetzte überträgt Aufgaben an Mitarbeiter, erteilt aber keine Kompetenzen und keine Handlungsverantwortung. Dadurch sind die Mitarbeiter lediglich Ausführende und als solche kaum motiviert. Von Delegation im eingangs erwähnten Sinn kann in einem solchen Fall nicht die Rede sein.

Rückdelegation

Der Mitarbeiter versucht, sich um unangenehme oder risikoreiche Entscheide zu drücken und die Verantwortung wieder dem Vorgesetzten zuzuschieben. Selbst das ‹Absegnen-Lassen› eines Entscheides muss der Vorgesetzte entschieden zurückweisen.

Rücknahme von Verantwortung

Der Vorgesetzte greift in den Verantwortungsbereich des Mitarbeiters ein und erteilt Anordnungen, die eigentlich der Mitarbeiter zu treffen hätte. Dies ist oft auf mangelndes Vertrauen zurückzuführen: Der Vorgesetzte wagt nicht, seinen Mitarbeiter allein handeln und entscheiden zu lassen.

Delegation nach persönlichen Vorzügen

Der Vorgesetzte delegiert beispielsweise nur unwichtige oder ihm unangenehme Aufgaben und bearbeitet delegierbare Aufgaben selber, etwa weil sie ihm Spass machen oder vermeintlich sein Ansehen fördern.

Delegation ohne Informationen und Instruktionen

Die klassische Ausrede bei diesem Delegationsfehler ist: ‹Das hätte er wissen müssen!› Der Vorgesetzte ist im Rahmen seiner Führungsverantwortung verpflichtet, sich zu vergewissern, ob der Mitarbeiter die Delegationsvoraussetzungen erfüllt und über alle nötigen Informationen verfügt.

Delegation nur im Notfall

Der Vorgesetzte nimmt seine Führungsverantwortung nicht wahr und delegiert nur notfalls, gleichsam als letzte Rettung. In solchen Fällen erfolgt das Delegieren meistens zu spät, sodass dem Mitarbeiter kaum mehr Zeit bleibt, eine gute Arbeit zu leisten.

Fremde Leistungen als eigene ausgeben

Der Vorgesetzte deklariert Leistungen, die seine Mitarbeiter unter dem Delegationsprinzip erbringen, als Eigenleistung. Ein solches Verhalten wirkt sich verheerend auf die Autorität eines Vorgesetzten aus: Kein Mensch wird gerne mit ihm zusammenarbeiten, weil er seinen Mitarbeitern Anerkennung und Lob vorenthält.

3.5 Die Auftragserteilung

Von Auftragserteilung spricht man, wenn Mitarbeiter punktuell eine Aufgabe auf einen bestimmten Termin hin auszuführen haben. Während beim Delegieren ‹Daueraufträge› an die Mitarbeiter übertragen werden, handelt es sich hier um begrenzte ‹Einzelaufträge›. Die Technik der Auftragserteilung unterscheidet sich jedoch nicht grundlegend von jener des Delegierens. In beiden Fällen sind die in der Abbildung genannten ‹W-Fragen› zu klären, dies besonders in der Phase der Vorbereitung.

Auftragsvorbereitung

Wer? Mit wem?	Auftragserteilung
Was? Was nicht?	
Warum? Wozu?	
Wo?	
Wie? Womit?	Auftragskontrolle
Wann? Bis wann?	

Auftragserfüllung (Selbstkontrolle)

Die Planungsschritte beim Delegieren ergeben sich aus der Führungsverantwortung, wie sie im Kap. 3.2 umschrieben ist (Aufgabenabgrenzung, Mitarbeiterauswahl usw.).

Grundsätzlich ist darauf zu achten, dass man sich auf das Wesentliche beschränkt. Einzelheiten sind nur dann anzuordnen, wenn sie für die Aufgabe von Bedeutung sind. Je weitreichender ein Auftrag ist und je länger er in zeitlicher Hinsicht dauert, umso mehr Spielraum ist den Mitarbeitern für selbstständiges Handeln einzuräumen.

Aufträge müssen einfach, klar und genau formuliert werden. Sie sind früh genug und in der Reihenfolge ihrer Dringlichkeit und Bedeutung zu erteilen.

Bei der Vorbereitung sind die bereits angesprochenen W-Fragen zu überlegen: Wer soll was, wo, wie, warum, bis wann und mit wem erledigen?

Beim Erteilen des Auftrags ist es wichtig,

die Mitarbeiter für den Auftrag zu gewinnen und zu motivieren

alle notwendigen Informationen zu geben (W-Fragen)

erforderliche Koordinationen mit anderen Stellen zu gewährleisten

Sachmittel, Finanzen usw. festzulegen

mögliche Probleme und Schwierigkeiten zu besprechen

den Endtermin und allenfalls Zwischentermine bekannt zu geben

Die Zielerreichung ist je nach Auftrag etappenweise zu überwachen (Zwischentermine); in jedem Fall aber ist die Zielerreichung zu kontrollieren (Endtermin).

Unter Umständen empfiehlt es sich, Auftragserteilungen schriftlich festzuhalten. Dabei kann man Auftragsinhalte auch gestaffelt nach Erledigungsterminen auflisten (siehe Beispiele am Ende dieses Kapitels).

Die vorangehend genannten Punkte für Auftragserteilungen erscheinen auf den ersten Blick geradezu banal. Die Praxis zeigt aber immer wieder, dass dieser oder jener Aspekt vernachlässigt wird, sodass unternehmensintern wie -extern oft Probleme auftreten.

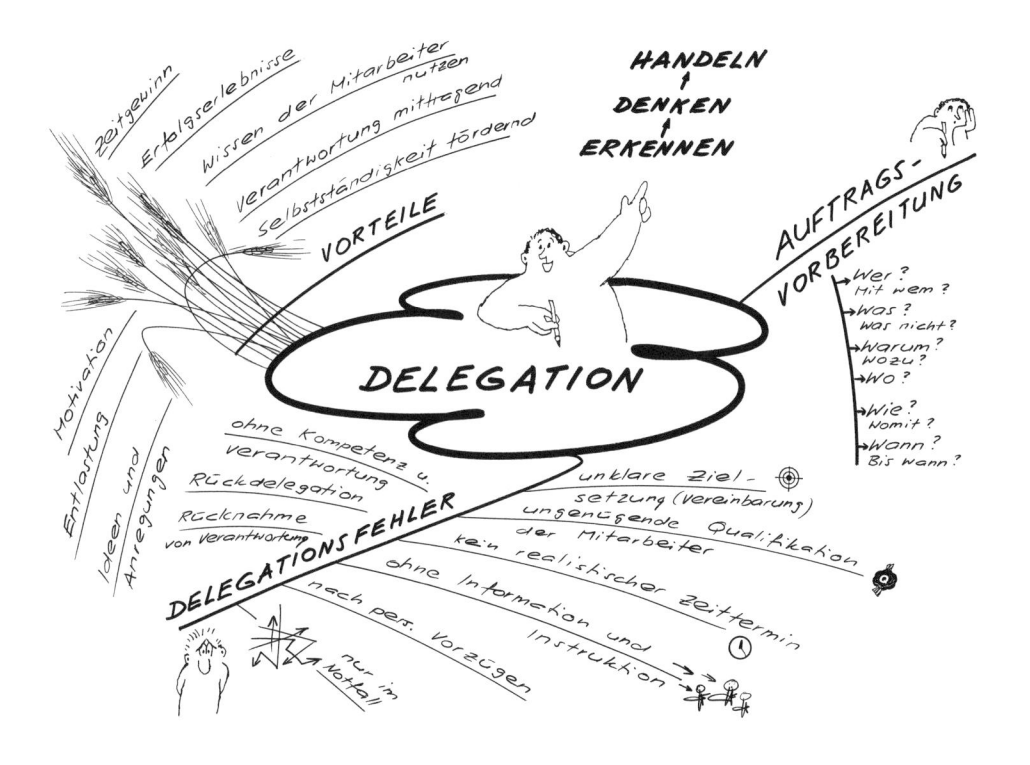

Die Tür zur Führung

Übung zur Delegation bzw. Auftragserteilung

Entscheiden Sie bei den folgenden Beispielen, ob die Delegation bzw. Auftragserteilung richtig erfolgt oder nicht, und begründen Sie Ihren Entscheid.

A. ‹Bitte bereiten Sie die nächste Abteilungsleiter-Sitzung für den 18. März nachmittags vor. Teilnehmerkreis wie an der letzten Sitzung. Hier habe ich Ihnen die Themen aufgeschrieben, die aus meiner Sicht behandelt werden sollten. Sorgen Sie dafür, dass die Teilnehmer Einladung und Traktandenliste bis zum 5. März erhalten. Für die Bereitstellung von Getränken und die Reservation des Sitzungszimmers setzen Sie sich bitte mit Frau Weber in Verbindung, der Sie auch die Unterlagen zum Schreiben geben können.›

Ist die Auftragserteilung richtig erfolgt? ☐ Ja ☐ Nein

Begründung: _____
_____
_____
_____
_____
_____

B. ‹Würden Sie bitte ein Geschenk für Herrn Schneider besorgen. Er feiert in zehn Tagen seinen 50. Geburtstag. Es darf ruhig etwas Grösseres sein.›

Ist die Auftragserteilung richtig erfolgt? ☐ Ja ☐ Nein

Begründung: _____
_____
_____
_____
_____

C. ‹Wir benötigen bis nächsten Dienstag 150 Stück des Reglers vom Typ P 2010. Sorgen Sie dafür, dass das nötige Material frühzeitig genug in der Montage ist. Nötigenfalls kann Ihnen noch Herr Keller helfen.›

Ist die Auftragserteilung richtig erfolgt? ☐ Ja ☐ Nein

Begründung: _____
_____
_____
_____
_____
_____

Die Tür zur Führung

D. ‹Kümmern Sie sich in Zukunft darum, dass jeweils genügend Schrauben vom Typ M8/16 mm zur Verfügung stehen. Ich werde dem Einkauf ebenfalls noch eine entsprechende Mitteilung zukommen lassen.›

    Ist die Delegation richtig erfolgt? ☐ Ja ☐ Nein

    Begründung: _____
_____
_____
_____
_____

E. ‹Nächste Woche kommt unser Generaldirektor zu einer Fabrikationsbesichtigung. Sorgen Sie dafür, dass es dann in unserem Bereich anständig aussieht.›

    Ist die Auftragserteilung richtig erfolgt? ☐ Ja ☐ Nein

    Begründung: _____
_____
_____
_____
_____
_____

Die Tür zur Führung

Checkliste fürs Delegieren

Ist die Delegation gut vorbereitet?

Ist die Aufgabe überhaupt delegierbar?	☐
Ist die Zielsetzung klar definiert?	☐
Ist der Aufgabenbereich präzis abgegrenzt?	☐
Ist die Zeitlimite realistisch?	☐
Ist der Mitarbeiter für diese Aufgabe geeignet (Fähigkeiten, Neigungen, Charakter)?	☐
Habe ich das Vertrauen in den Mitarbeiter, dass er die Aufgabe erfolgreich löst?	☐

Wird die Delegation zweckmässig durchgeführt?

Erfolgt die Delegation zum richtigen Zeitpunkt?	☐
Ist der Mitarbeiter ausreichend instruiert?	☐
Hat der Mitarbeiter alle für diesen Auftrag notwendigen Informationen?	☐
Verfügt er über die notwendigen Mittel und Kompetenzen (Befugnisse)?	☐

Halte ich mich an die Delegationsprinzipien?

Kann ich mich von einer Aufgabe trennen, auch wenn sie mir lieb oder wichtig ist?	☐
Lasse ich den Mitarbeiter gewähren und bin ich seinen Lösungen gegenüber offen?	☐
Akzeptiere ich gelegentlich auch eine nicht bis ins Detail perfektionierte Leistung?	☐
Habe ich Geduld und motiviere ich den Mitarbeiter von Zeit zu Zeit?	☐
Bin ich bereit, den Mitarbeiter zu beraten, wenn er in Schwierigkeiten gerät?	☐
Respektiere ich den delegierten Zuständigkeitsbereich?	☐
Lasse ich mich nicht zu Rückdelegationen bewegen?	☐
Behalte ich den kontrollierenden Überblick und die Gesamtverantwortung?	☐
Suche ich den Fehler zuerst bei mir, wenn eine Delegation misslingt?	☐

Die Tür zur Führung

Inhaltsraster für schriftliche Auftragserteilungen

Möglicher Raster für einen Gesamtauftrag

Auftrag *Nummer/Titel/Bezeichnung*	Auftraggeber:		Beauftragter:	
	erteilt:		Termin:	
	Zwischentermine: *evtl. Kontrolltermine*			
Ziel:				
Vorgehen	Bearbeitung	Stellungnahme	Entscheid	Termin
detaillierte Angaben				
Beilagen				

Möglicher Raster für einen gestaffelten Auftrag (rollende Auftragsliste)

Datum	Auftragsinhalt	Wer	Kontrolle	Termin	erledigt
	präzise Beschreibung				

Kapitel 4

Information und Kommunikation

Die Information als Basis der Kommunikation

Die Vielschichtigkeit der Kommunikation

4. Information und Kommunikation

Wie in jeder menschlichen Gemeinschaft bilden Information und Kommunikation auch in Unternehmen die Grundlage für alle Aktionen des Zusammenarbeitens und Zusammenwirkens.

4.1 Die Information als Basis der Kommunikation

Die unterschiedlichen Ansätze in der Betrachtung von Information und Kommunikation haben zu ebenso unterschiedlichen Definitionen geführt. Für den Vorgesetzten können aber folgende Begriffsbestimmungen als Hinweis dienen:

> **Information =**
> **zweckorientiertes Vermitteln von Wissen**
>
> **Kommunikation =**
> **Prozess des Informationsaustausches**

4.1.1 Informationsarten und -richtungen in Unternehmen

Informationen sind Mitteilungen aller Art – zum Beispiel Berichte, Aktennotizen, Anfragen, Weisungen, Protokolle, Anordnungen. In Unternehmen sind Informationen unentbehrlich: Erst sie machen auf allen Delegationsstufen ein aktives Mitdenken, Mitsprechen und Mithandeln möglich. Eine offene Informationspolitik macht sich bezahlt, denn nur gut informierte Mitarbeiter können optimale Leistungen erbringen.

Rationale und emotionale Informationen

Informationen können auf zwei Ebenen erfolgen: auf der rationalen und auf der emotionalen Ebene. Beide sind für die innerbetriebliche Information wichtig: Die rationalen, ‹betriebswirtschaflichen› Informationen, die dem Orientieren, Definieren, Erklären und Begründen dienen, müssen von emotionalen, ‹psychologischen› Informationen begleitet sein, die motivieren und bei Mitarbeitern Verständnis, Vertrauen und Engagement aktivieren.

Informationsformen

In einem Unternehmen lassen sich folgende Informationsformen unterscheiden:

die vertikale Information: von oben (Vorgesetzte) nach unten (Mitarbeiter) und umgekehrt

die horizontale Information: Querinformation zwischen Mitarbeitern

die umweltbezogene Information (zwischen Unternehmen und Markt, Kunden usw.)

die formelle Information: über den vorgeschriebenen Dienstweg, meist vertikal

die informelle Information: Informationsfluss quer durch alle Instanzen

die Selbstinformation: Informationsbeschaffung unter Umgehung des Dienstweges

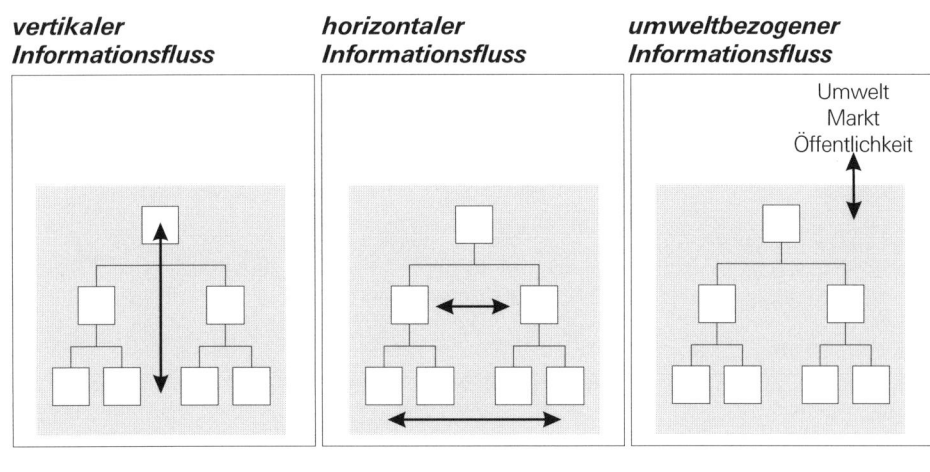

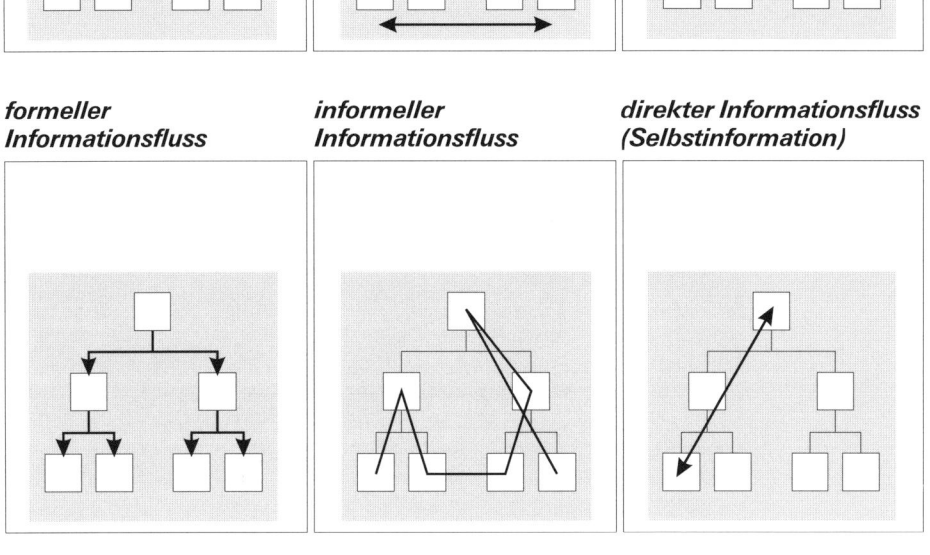

vertikaler Informationsfluss

horizontaler Informationsfluss

umweltbezogener Informationsfluss

Umwelt
Markt
Öffentlichkeit

formeller Informationsfluss

informeller Informationsfluss

direkter Informationsfluss (Selbstinformation)

4.1.2 Grundregeln des Informierens

Beim Informieren sind folgende Regeln zu beachten (siehe auch Checkliste S. 84)

Aussagen gezielt formulieren
Informationen, die konkret, unmittelbar, zielorientiert sowie interessen- und sachbezogen sind, haben die besten Chancen, beim Empfänger auf Interesse zu stossen und als wichtig und nutzbar erkannt zu werden.

Aussagen dosieren und strukturieren
Die Kunst des Informierens besteht nicht darin, mit vielen Worten wenig, sondern mit wenigen Worten viel, das heisst alles Wesentliche zu sagen. Informationen sollten also inhaltlich nicht überladen sein. Ferner ist es wichtig, Informationen zu strukturieren und lesefreundlich zu gestalten, indem man Abschnitte setzt und entscheidende, wichtige Punkte (Schlüsselpunkte) hervorhebt.

Aussagen auf den Empfänger ausrichten
Eigene Formulierungsvorlieben sind zu vermeiden. Beim Informieren steht der Empfänger im Vordergrund: Er muss die Mitteilung verstehen, für etwas gewonnen werden usw. Informationen sollten deshalb benutzerfreundlich und adressatbezogen sein.

Aussagen erklären und begründen
Informieren ist – gleichgültig, wo und durch wen es geschieht – mehr als Orientieren. Deshalb müssen stets das Warum und Wozu einer Information herausgestellt werden.

Aussagen rasch und direkt weitergeben
Das rasche Übermitteln von Informationen ist gerade in der heutigen Zeit wichtig. Kurze und direkte Informationswege sind noch aus einem weiteren Grund wichtig: Je mehr Stationen in einen Informationsprozess eingeschaltet sind, desto grösser ist die Gefahr, dass Aussagen verfälscht oder verzerrt werden.

Aussagen kontinuierlich vermitteln
‹Hickhack-Aussagen› verwirren und wirken unglaubwürdig. Beim Informieren muss Kontinuität gewahrt sein. Wiederholung und Fortsetzung sind elementare Informationsgrundsätze, will man die Wirkung von Informationen nicht von vornherein beschränken.

Aussagewirkung prüfen
Nutzbringend sind Informationen nur, wenn sie ankommen (siehe Abschnitt 4.2). Mit Rückfragen kann man prüfen, ob Aussagen verstanden und akzeptiert worden sind.

Aussagen ruhen lassen
Alles Neue begegnet zuerst einem natürlichen Widerstand. Aber nicht nur bei neuen Informationen ist es wichtig, dem Empfänger Zeit zum Verarbeiten, ‹Reifen-Lassen›, Anpassen und Umstellen einzuräumen.

Aussagen ‹von unten› beachten
Informationen ‹von unten› sind für Vorgesetzte und für die ganze Organisation von Bedeutung – aber: Zuträgerei und Klatsch bringen keine brauchbaren Informationen.

> **Richtig informiert, wer**
> **notwendiges Wissen**
> **in zweckmässiger Form**
> **auf dem richtigen Weg**
> **zum rechten Zeitpunkt**
> **gezielt weitergibt.**

4.2 Die Vielschichtigkeit der Kommunikation

Im vorhergehenden Abschnitt ist es klar zum Ausdruck gekommen: Informationen haben nur einen Sinn, wenn sie auch wahrgenommen werden. Das heisst: Informationen können ihre Wirkung erst im Kommunikationsprozess entfalten.

Dem ‹Informationslieferanten›, der eine Mitteilung ausgibt, muss notwendig ein ‹Informationsempfänger› gegenüberstehen, der die ausgegebene Mitteilung aufnimmt. Ist dies der Fall, spricht man von Kommunikation.

Kommunikation lässt sich also definieren als das Aussenden einer Information durch einen Sender zur Vermittlung eines Inhaltes, der von einem Empfänger wahrgenommen wird (siehe Kommunikationsmodell unter Kap. 4.2.1).

Das häufigste menschliche Kommunikationsmittel ist die Sprache. Zumeist wenig beachtet, jedoch nicht minder wichtig sind Mimik, Gestik, Zeichen, Laute, Töne, Signale, Symbole und auch unwillkürliche Körperreaktionen wie etwa Schwitzen oder Erröten.

Mit derartigen Ausdrucksmitteln erzielt der Informierende bestimmte Wirkungen. Wenn sie seinen bewussten Absichten entsprechen, kann die Kommunikation als erfolgreich bezeichnet werden. Häufig geschieht es jedoch, dass ein beabsichtigtes Ziel verfehlt wird, denn das Kommunizieren ist ein vielschichtiger Vorgang.

4.2.1 Das Kommunikationsmodell

In den letzten 50 Jahren sind etliche Modelle entwickelt worden, um das Geschehen beim Kommunikationsvorgang zu erhellen. Sie basieren meistens auf dem Modell, das der Ingenieur C. Shannon und sein Kollege W. Weaver 1949 vorgestellt haben. Den beiden Wissenschaftern diente das Modell dazu, die Rahmenbedingungen und die Störquellen für Datenübertragungsprozesse in der Nachrichtentechnik zu beschreiben. Begriffe wie Sender und Empfänger verraten den technischen Ursprung des Modells.

Die Kernelemente des Kommunikationsvorgangs

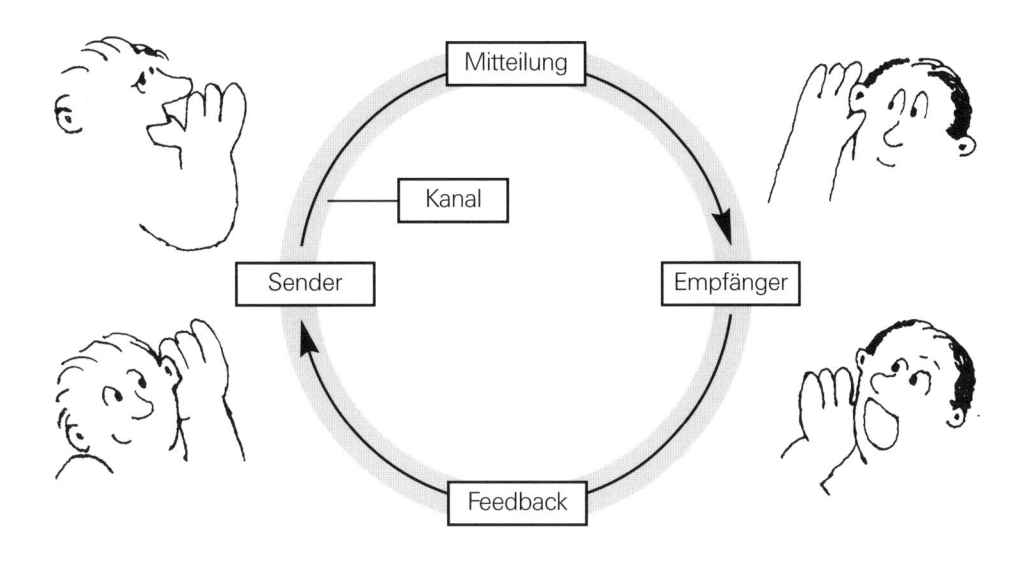

Das Kommunikationsmodell zeigt folgenden Ablauf: Der Sender setzt den Kommunikationsprozess in Gang, indem er etwas mitteilt. Das setzt voraus, dass er die Mitteilung oder die Information klar formuliert und für die Übermittlung den geeigneten Kanal wählt. Mit Kanal ist sowohl die Übermittlungsart (akustisch: Laute; optisch: Buchstaben usw.) als auch das Übermittlungsmedium gemeint (Schallwellen, Telefonleitung, Papier usw.).

Die eben beschriebene ‹Einweg-Kommunikation› wird zur ‹Zweiweg-Kommunikation›, wenn die Mitteilung beim Empfänger ankommt, wenn dieser die Information aufnimmt und darauf reagiert, indem er seinerseits eine Information übermittelt, das heisst eine Rückmeldung, ein so genanntes Feedback gibt. Auch wenn dieses Feedback nur mit einem wortlosen Kopfnicken erfolgt, ist der Empfänger zum Sender geworden: Die Rollen sind vertauscht.

Diesen stetigen Rollentausch beim Kommunizieren, das ständige Wechseln von Reden und Zuhören oder anders gesagt: die Wechselbeziehung zwischen Personen oder auch Gruppen bezeichnet man als Interaktion.

4.2.2 Sender und Empfänger als Kodierer und Dekodierer

Ganz so einfach, wie es erscheint, ist der Kommunikationsvorgang allerdings nicht. Denn der Sender muss die Gedanken oder Gefühle, die er mitteilen will, in Zeichen umformen, die dem Kanal angepasst sind. Er muss seine Mitteilungen also verschlüsseln oder kodieren, beispielsweise in Worte kleiden oder in eine Gebärdensprache umsetzen.

> **Die Kunst des Senders besteht darin, jenen Kanal und jene Verschlüsselung zu wählen, die vom Empfänger möglichst gut verstanden werden.**

Der Empfänger seinerseits muss die gesendeten Zeichen entschlüsseln oder dekodieren. Dazu benutzt er ein Bezugssystem, das geprägt ist von seinem Wissen, seinen Erfahrungen, seinem Erlebnishorizont usw.

Das Problem besteht nun darin, dass das Bezugssystem des Senders mit jenem des Empfängers nie völlig deckungsgleich ist und je nach Vorerfahrung, Milieu, Kultur usw. sogar erheblich verschieden sein kann. Aufgrund der unterschiedlichen Verschlüsselungs- und Entschlüsselungskodes kann es zwischen Sender und Empfänger leicht zu Missverständnissen kommen.

Kommunizieren ist somit ein höchst störanfälliger Prozess. Deshalb ist es wichtig, die Kommunikation immer wieder zu beobachten, zu überdenken und wenn nötig zu verbessern.

Im Idealfall haben Sender und Empfänger – bildlich gesagt – die gleiche Wellenlänge, die gleiche Sende- und Empfangsfrequenz.

Das ist am ehesten dann der Fall, wenn bei den Kommunikationspartnern grundsätzlich die Bereitschaft zur Kommunikation vorhanden ist und beispielsweise ein gemeinsames Interessengebiet, ein gemeinsames Problem oder eine gemeinsame Aufgabe besprochen wird.

4.2.3 Die Bedeutung des Feedbacks

Unabdingbarer Bestandteil der Kommunikation ist die Rückmeldung, das Feedback. Nur wenn ein Informationsaustausch stattfindet, das heisst wenn Informationen in beide Richtungen fliessen, kann überhaupt von Kommunikation gesprochen werden.

Im Unterschied zur reinen Information ermöglicht es die Kommunikation, dass Anweisungen nicht bloss gehört, sondern verstanden und akzeptiert werden (Bestätigungsfeedback). Auch können Unklarheiten unmittelbar beseitigt und Fehlinformationen erkannt und korrigiert werden (Klarstellungsfeedback). Und schliesslich können Einwände oder Bedenken ausdiskutiert werden (Stellungnahme-Feedback), sodass Entscheidungen besser abgesichert sind.

Das Feedback erfüllt also wichtige Funktionen. Es ist deshalb unerlässlich, in Gesprächen auf die Rückmeldungen des Gegenübers zu achten und darauf einzugehen. Nötigenfalls sind Rückmeldungen sogar zu fordern, indem man etwa mit Fragen prüft, ob Äusserungen vom Gesprächspartner im gemeinten Sinn verstanden worden sind.

Das Johari-Fenster

Feedbacks haben noch eine weitere Funktion: Sie vermögen zu zeigen, wie man von anderen gesehen wird und wie dieses ‹Fremdbild› von jenem Bild abweicht, das man von sich selber hat.

Die Ursache für das Abweichen von Fremdbild und Eigenbild liegt im Umstand, dass Menschen nicht objektiv, sondern nur selektiv wahrnehmen können. Mit Feedbacks kann man dieses selektive Wahrnehmen bewusst machen und ausweiten.

Erläutern lässt sich dieser Aspekt mit dem ‹Johari-Fenster›, das nach den Vornamen seiner Autoren Joe Luft und Harry Ingham benannt ist. Es handelt sich um ein einfaches grafisches Modell, mit dem sich Unterschiede und Veränderungen der Selbst- und Fremdwahrnehmung darstellen lassen.

Das Fenster besteht aus den Bereichen der Eigenwahrnehmung (Feld A und B), der Fremdwahrnehmung (Feld A und C) und des Unbewussten (Feld D).

Das Johari-Fenster

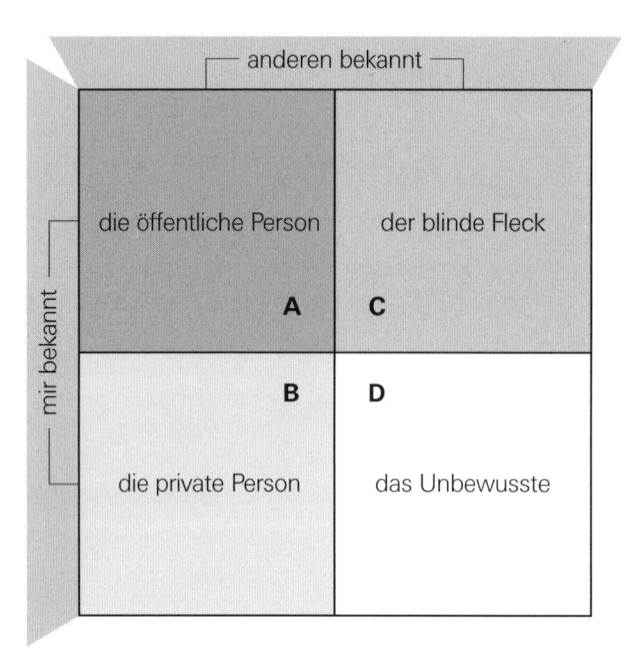

	anderen bekannt	
mir bekannt	die öffentliche Person **A**	der blinde Fleck **C**
	B die private Person	**D** das Unbewusste

Das **Feld A** symbolisiert die ‹Lebensbühne›, auf der man sich in der Öffentlichkeit mit mehr oder weniger persönlichem Freiraum bewegt. Was hier geschieht, ist sowohl einem selbst als auch anderen bekannt.

Das **Feld B** umfasst den Verhaltensbereich, der einem selbst bekannt und bewusst ist, den man aber anderen verheimlicht. Alles Denken und Handeln, das man der Öffentlichkeit nicht preisgeben will, hält man hier wie hinter einer Fassade verborgen. Unter anderem sind hier Urteile über andere Menschen angesiedelt und Ansichten, von denen man glaubt, dass andere sie ablehnen.

Das **Feld C** beinhaltet jenen Verhaltensbereich, der einem selbst nicht bewusst ist. Für andere hingegen ist er sichtbar und erkennbar. In diesem blinden Fleck der Selbstwahrnehmung sind unbewusste Gewohnheiten, Vorurteile und Zuneigungen, aber auch Verdrängungen eingelagert, die Mitmenschen wahrnehmen und einem ins Bewusstsein rufen können.

Das **Feld D** steht für den Bereich des Unbewussten, der allen verschlossen bleibt, es sei denn, man versuche ihn tiefenpsychologisch zu ergründen.

Bei einer neuen Begegnung ist das Feld A in der Regel recht klein und die Felder B und C dominieren. Feedbacks tragen dazu bei, mehr über den ‹blinden Fleck› der eigenen Person (Fremdbild) zu erfahren und so das Feld A zu vergrössern. Vergrössert wird es auch, indem man dem Gesprächspartner Informationen über seine ‹private Person› liefert (Feld B). Je grösser das Feld A ist, umso grösser ist der Handlungsspielraum, umso mehr Offenheit und Vertrauen findet man bei den Mitmenschen und umso freier und sicherer wird man im sozialen Umgang.

Mitteilungen und Feedbacks erfolgen nicht nur über die Sprache. Neben den verbalen ‹Signalen› sind stets auch die nonverbalen ‹Botschaften› zu berücksichtigen.

4.2.4 Verbale Informationen analysieren

Der Mensch neigt instinktiv dazu, in seinen verbalen, das heisst in seinen mündlichen oder schriftlichen Aussagen die wahren Empfindungen zu verbergen, um sich zu schützen.

Deshalb muss man verbale Mitteilungen und Feedbacks zumindest bewerten und nicht alles für bare Münze nehmen. Vielmehr gilt es zu erkennen, was das Gegenüber wirklich mitteilen will.

> **Der erfahrene Kommunikator hört,**
> **was gemeint ist,**
> **und nicht, was gesagt wird.**

4.2.5 Nonverbale Informationen analysieren

Nonverbale, das heisst nichtsprachliche Äusserungen spielen eine nicht minder grosse Rolle wie verbale. Gerade weil sie schneller, direkter und ungefilterter erfolgen als verbale Äusserungen, liefern sie wichtige Hinweise und Signale.

Die nonverbale Kommunikation lässt sich in folgende Hauptkategorien unterteilen:

Parasprache

Unter diesen Begriff fallen sprachbegleitende, nichtwörtliche Äusserungen oder stimmlich produzierte Geräusche wie Lachen, Weinen, Gähnen, Stöhnen, Seufzen usw.

Die Parasprache kann willentlich eingesetzt werden, aber auch unbewusst auftreten. Parasprachliche Informationen signalisieren ganz Unterschiedliches: Langeweile, Müdigkeit, Schmerz, Trauer, Freude usw.

Körpersprache

Körpersprachliche Signale gehen von den Augenbewegungen, der Gestik, der Mimik, der Körperhaltung sowie von der Nähe bzw. Distanz von Gesprächspartnern aus. Neben Tonfall und -stärke reiht man auch das Sprechtempo in die Reihe körpersprachlicher Signale.

Wie die parasprachlichen können auch die körpersprachlichen Reaktionen höchst Gegensätzliches bekunden: Aufmerksamkeit, Interesse, Neugier, Feindseligkeit, Unsicherheit, Zuneigung usw.

4.2.6 Die vier Aspekte von Mitteilungen

Wer andern etwas mitteilt, bringt nicht nur einen Ton zum Klingen, sondern immer mehrere Töne. Gemeint ist damit, dass jede Mitteilung mehrere Aspekte enthält: Sie beschreibt einen Sachverhalt (Aspekt des Sachinhalts), sagt etwas über den Sprechenden aus (Aspekt der Selbstkundgabe), charakterisiert das Verhältnis der Sprechenden (Aspekt der Beziehung) und enthält eine offene oder versteckte Aufforderung (Aspekt des Appells). Die einzelnen Aspekte können beim Senden und Empfangen unterschiedlich kodiert bzw. dekodiert und darüber hinaus noch unterschiedlich gewichtet werden.

Das erweiterte Kommunikationsmodell

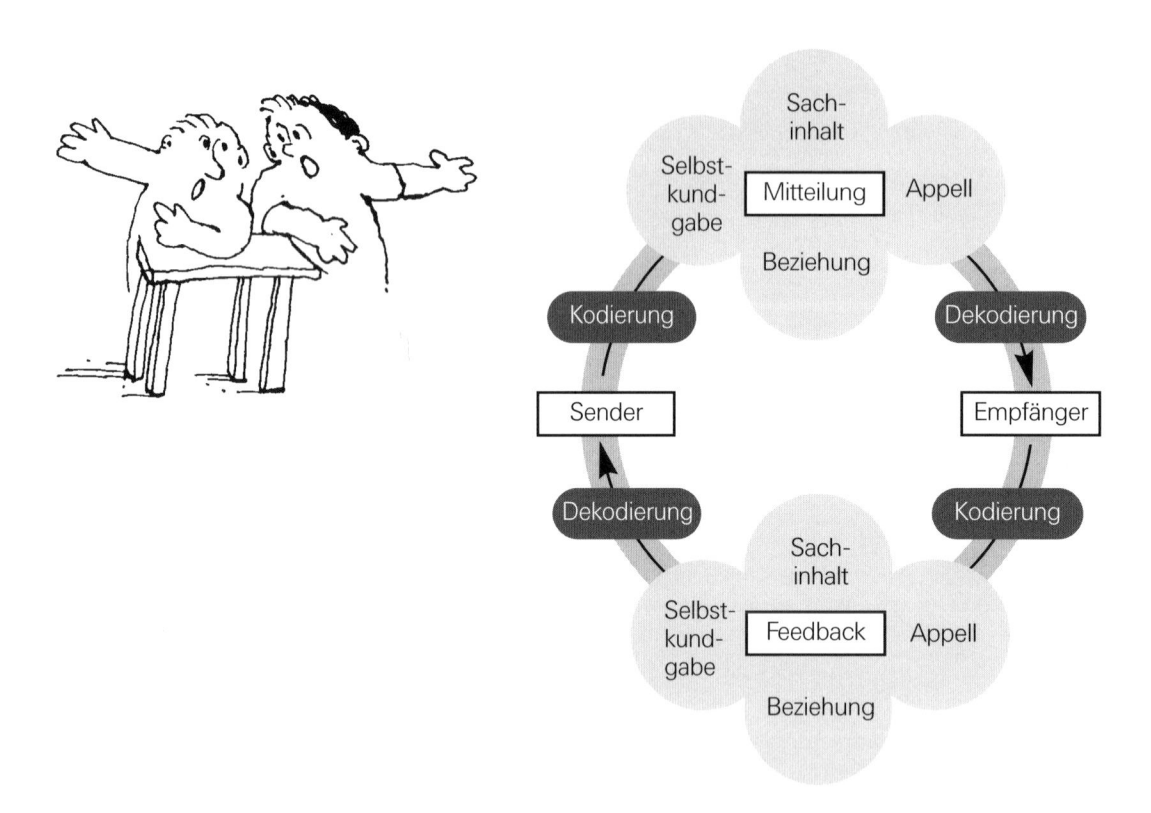

Das Wissen um diese Aspekte hilft, die vielschichtigen Abläufe der Kommunikation und mögliche Verständigungsprobleme transparenter zu machen.

Der Aspekt des Sachinhalts

Jede Mitteilung enthält Sachinformationen. Schon hier können Verständigungsprobleme auftreten. Ein Beispiel:

Bei der Aussage ‹Die Türe ist offen› müssen sich Sender und Empfänger zum Beispiel über die Bedeutung des Begriffs Tür in dieser konkreten Situation einig sein: Ist es die Haustüre, eine Zimmertüre, eine Schranktüre, eine Autotüre, die Safetüre usw.?
Auch der Begriff offen kann verschieden gedeutet (dekodiert) werden: Ist die Türe nicht geschlossen? Oder ist sie geschlossen, aber nicht abgeschlossen?

Schon dieses einfache Beispiel zeigt, dass scheinbar simple Sachaussagen missverstanden werden können. Mit präzisen Aussagen kann man dem entgegenwirken.

Der Aspekt der Selbstkundgabe

Mit jeder Mitteilung gibt der Sender auch etwas über seine eigene Person preis – ob er dies will oder nicht. Das Streben nach positiver Selbstdarstellung und die Angst, von sich selbst etwas (allenfalls noch Unvorteilhaftes) bekannt zu geben, führen zu ‹Kommunikationstechniken›, die sich einteilen lassen in Imponier- und Fassadentechniken.

Um beim obigen Beispiel anzuknüpfen: Will der Sender seinen Ärger über die offen stehende Türe nicht mitteilen, wird er versuchen, ein freundliches Gesicht aufzusetzen (Fassade). Will er hingegen mit Nachdruck darauf hinweisen, dass die Türe jetzt endlich geschlossen werden sollte, wird er die Aussage ‹Die Tür ist offen› mit entsprechendem Tonfall oder entsprechender Mimik und Gestik untermalen (Imponiertechnik).

Techniken sind etwas Künstliches, Erlerntes und verfälschen den Aspekt der Selbstkundgabe. Gefragt ist Echtheit.

Kennzeichen guter Kommunikation sind unbefangene Offenheit und ein grosses Übereinstimmen von innerem Erleben und äusserem Gebaren.

Der Aspekt der Beziehung

Mitteilungen bringen auch zum Ausdruck, was Sender und Empfänger voneinander halten und wie sie zueinander in Beziehung stehen. Oft zeigt sich dies in der Wortwahl, im Tonfall oder in anderen nichtsprachlichen Begleitsignalen. Während die Selbstkundgabe aus Ich-Botschaften besteht, äussert sich der Beziehungsaspekt einerseits in Du-Botschaften und andererseits in Wir-Botschaften.

Die verärgert geäusserte Aussage ‹Die Tür ist offen› kann unter dem Aspekt der Beziehung bedeuten: ‹Sie lernen es nie! Sie haben einfach keine Manieren! Sie wollen mich ärgern, indem Sie vorsätzlich die Türe offen stehen lassen. Unsere (!) Beziehung im Arbeitsteam wird sich nie verbessern, weil Sie kein bisschen Rücksicht nehmen können.›

Viele Kommunikationsstörungen entspringen dem Beziehungsaspekt von Mitteilungen. Gewöhnlich versucht man dann, diese auf der sachlichen Ebene statt auf der Beziehungsebene zu beheben.

Der Aspekt des Appells

Mitteilungen haben auch die Funktion, den anderen zu beeinflussen, und enthalten damit eine Aufforderung, die mehr oder minder offen oder versteckt erfolgen kann.

Beim versteckten Versuch, den Empfänger zu veranlassen, bestimmte Dinge zu tun oder zu unterlassen, zu denken oder zu fühlen, spricht man von Manipulation. Dabei werden auch die anderen drei Aspekte der Mitteilung in den Dienst des Appells gestellt: Die Sachaussagen sind einseitig und tendenziös; die Selbstkundgabe ist darauf ausgerichtet, Gefühle wie Bewunderung, Schuld, Geborgenheit, Sicherheit oder Hilfsbereitschaft zu wecken, und auf der Beziehungsseite hält man den Empfänger beispielsweise mit Komplimenten ‹bei Laune› oder schüchtert ihn mit Vorwürfen und Drohungen ein. Die genannten Aspekte werden also ein Mittel zur Zielerreichung und oftmals so verfälscht, dass sie nicht die Wahrheit widerspiegeln, sondern nur die Appellwirkung unterstützen.

Die Mitteilung ‹Die Tür ist offen› kann zum Beispiel den Appell beinhalten, die Türe zu schliessen oder einzutreten. Versucht jedoch ein Einbrecher mit dieser Aussage einen ‹Branchenkollegen› von der Leichtigkeit eines Einbruches zu überzeugen, obwohl er das genaue Risiko nicht abschätzen kann, wäre dies ein Manipulationsversuch.

4.2.7 Mitteilungen ausgewogen empfangen

Die genannten Aspekte sind nicht nur beim Senden, sondern auch beim Empfangen von Mitteilungen zu beachten. Es geht darum, die Gesamtheit aller vier Aspekte ausgewogen, gleichsam mit vier Ohren zu empfangen.

In der heutigen, rational und technisch orientierten Gesellschaft haben viele Menschen ein überentwickeltes ‹Sach-Ohr›. Dies erweist sich als problematisch, sobald in einem Gespräch die Schwierigkeiten nicht in sachlichen, sondern zwischenmenschlichen Differenzen liegen. Auf den Sachaspekt konzentrieren sich vielfach auch Empfänger, die gefühlsmässige Auseinandersetzungen scheuen.

Wer ein ausgeprägtes ‹Selbstkundgabe-Ohr› hat, sucht sich alle Botschaften heraus, die ihm etwas über den Sender sagen. Es ist hilfreich, gefühlsmässige Ausbrüche, Anklagen und Vorwürfe mit dem Selbstkundgabe-Ohr aufzunehmen. Statt verletzt zu reagieren, kann man so besser zuhören und dabei entdecken, was mit dem Gegenüber wirklich los ist.

Das ‹Beziehungs-Ohr› sucht herauszufiltern, welche Vorstellungen der Sender vom Empfänger hat und was er über die Beziehung zwischen den beiden denkt. Bei manchen ist das Beziehungs-Ohr überempfindlich: Sie liegen ständig auf der ‹Beziehungslauer›, deuten selbst beziehungsneutrale, sachliche Mitteilungen als Stellungnahmen zu ihrer Person und fühlen sich deshalb schnell angegriffen oder bestätigt. Wer ein zu ausgeprägtes Beziehungs-Ohr hat, läuft Gefahr, ein falsches Selbstbild zu verfestigen.

Ein stark ausgebildetes ‹Appell-Ohr› wiederum wittert hinter jeder Aussage eine Aufforderung zu bestimmten Handlungen, Gedanken oder Gefühlen. Personen mit dieser ‹Höreigenschaft› versuchen unentwegt, an sie gestellte Erwartungen zu erfüllen – auch unausgesprochene, nur vermeintliche. Sie sind meist wenig bei sich selbst und verdrängen eigenes Wollen, Denken und Fühlen.

Die Darlegungen zeigen: Kommunikation ist ein komplexer und sensibler Prozess. Dass Menschen einander verstehen, hängt nicht nur vom guten Willen ab, sondern auch von ihrer Fähigkeit zu durchschauen, welche psychischen und zwischenmenschlichen Aspekte beim Kommunizieren im Spiel sind.

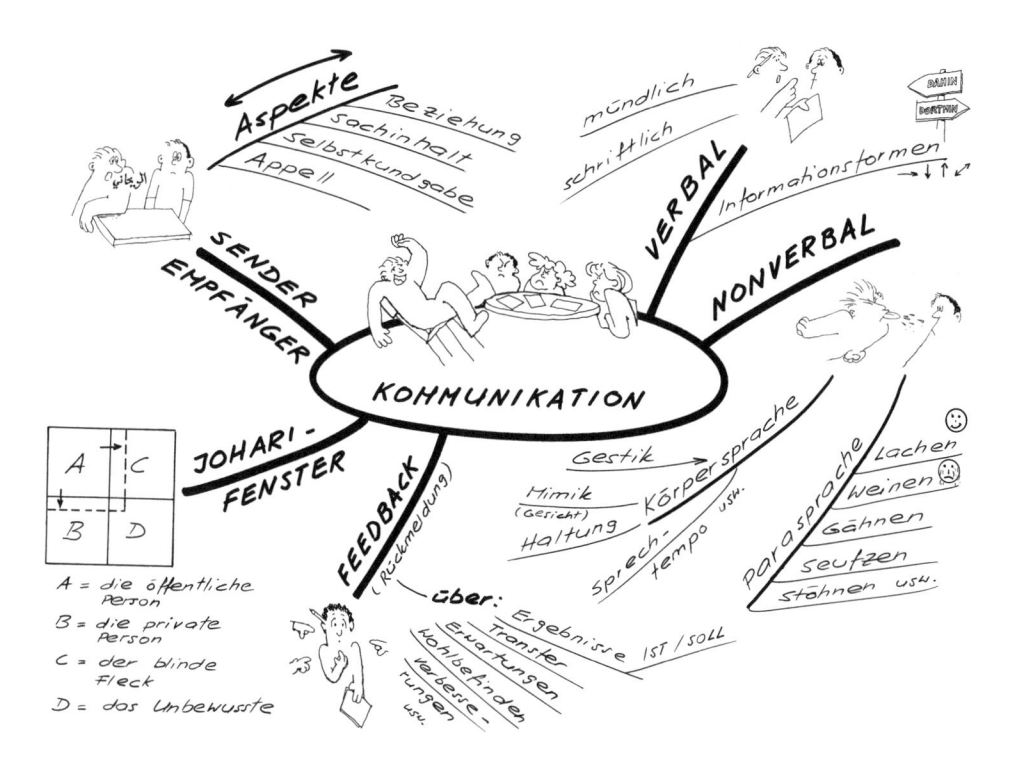

Die Tür zur Führung

Checkliste für die Ausgabe wichtiger Informationen

Vorüberlegungen

Ist es wirklich nötig, die Information herauszugeben?	☐
Kann ich die Information mit anderen Mitteilungen koppeln (Rationalisierung)?	☐
Habe ich die Kompetenz zu informieren? Bin ich von oben gedeckt?	☐
An wen ist die Information zu richten (Zielgruppe)?	☐
Welcher Informationsweg ist der direkteste oder geeignetste?	☐
Welches Medium, welche Form ist für die Information optimal?	☐

Ausführung

Wann muss die Information den Empfänger frühestens/spätestens erreichen?	☐
Was ist das Wesentliche der Information (Inhaltsgewichtung)?	☐
Sind motivierende Aussagen nötig, um die Aufnahmebereitschaft zu erhöhen?	☐
Ist meine Information klar, verständlich, logisch, adressatbezogen?	☐
Ist meine Information ansprechend und zweckgemäss gestaltet?	☐
Ist meine Information wahrheitsgetreu und manipuliert sie nicht?	☐
Sind vorkommende Anweisungen genügend begründet?	☐

Besondere Aspekte

Heben die Anweisungen eventuell frühere auf und ist dies vermerkt?	☐
Ist die Information vertraulich und, wenn ja, ist dies vermerkt?	☐
Ist die Respektierung der Information zu bestätigen (wann, wem)?	☐
Muss die Information weitergegeben werden (wie/durch wen, wem)?	☐

Formale Aspekte

Sind Absender (Kontaktperson) und Empfänger (Verteiler) aufgeführt?	☐
Sind Datum und Unterschrift vorhanden?	☐

Die Tür zur Führung

Übung: Aspekte von Mitteilungen erkennen

Oft decken sich die Aspekte des Gesagten nicht mit dem Gemeinten. Kreuzen Sie an, welcher Aspekt Ihrer Ansicht nach jeweils beim Gesagten und welcher beim Gemeinten im Vordergrund steht.

Anmerkung: Je nach Interpretation fallen die Lösungen unterschiedlich aus.

Ein Arbeiter sagt zum Arbeitskollegen:

‹Professor Nolten – er wohnt unserem Haus gegenüber – hat mir gestern gesagt, man könne heutzutage…›

dominanter Aspekt: ☐ Sache
☐ Selbstkundgabe
☐ Beziehung
☐ Appell

und meint:

‹Ich kenne so namhafte Leute wie Professor Nolten…›

dominanter Aspekt: ☐ Sache
☐ Selbstkundgabe
☐ Beziehung
☐ Appell

Eine Mitarbeiterin sagt zur anderen:

‹Mit dieser Arbeit komme ich allein einfach nicht zurecht.›

dominanter Aspekt: ☐ Sache
☐ Selbstkundgabe
☐ Beziehung
☐ Appell

und meint:

‹Könntest du mir nicht helfen?›

dominanter Aspekt: ☐ Sache
☐ Selbstkundgabe
☐ Beziehung
☐ Appell

Eine Kundin sagt zur Filialleiterin:

‹Und so etwas behauptet ein Verkäufer, der dieses Produkt noch nie benutzt hat.›

dominanter Aspekt: ☐ Sache
☐ Selbstkundgabe
☐ Beziehung
☐ Appell

und meint:

‹Der Verkäufer, der mich beraten hat, ist über dieses Produkt nicht ausreichend informiert.›

dominanter Aspekt: ☐ Sache
☐ Selbstkundgabe
☐ Beziehung
☐ Appell

Kapitel 5

Grundlagen der Gesprächsführung

Arten von Mitarbeitergesprächen

Mitarbeitergespräche effizient gestalten

Das Konfliktgespräch

Die Tür zur Führung

5. Grundlagen der Gesprächsführung

Bei der Kommunikation kommt dem Gespräch eine zentrale Bedeutung zu; es ist das wichtigste und natürlichste Mittel menschlicher Begegnung. Weil es so etwas Selbstverständliches ist, wird der Vorbereitung und der Dynamik von Gesprächen häufig zu wenig oder gar keine Beachtung geschenkt. Die Folgen: Überraschungen, Missverständnisse, Misserfolge.

Dies gilt besonders auch für die Beziehung zwischen Vorgesetzten und Mitarbeitern, wo Gespräche eine Kernfunktion erfüllen. Das Vereinbaren von Zielen, das Planen, Koordinieren und Übermitteln von Aufträgen und Anweisungen geschieht – zumindest bei direkt unterstellten Mitarbeitern – vorwiegend mündlich. Kurz: Gespräche begleiten praktisch alle Führungsaufgaben.

5.1 Arten von Mitarbeitergesprächen

Gegenstand der Gespräche zwischen Vorgesetztem und Mitarbeiter können die Arbeit, die Leistung, das Verhalten des Mitarbeiters oder auch die persönliche Beziehung der beiden betreffen. Entsprechend lassen sie sich unterteilen in Sachgespräche und persönliche Gespräche.

5.1.1 Sachgespräche

Sachgespräche kann man nach ihrem Zweck wie folgt aufgliedern:

Informationsgespräche
Ziel des Informationsgesprächs ist das Weitergeben oder Austauschen von Informationen.

Problemlösungsgespräche
Beim Problemlösungsgespräch geht es um die Analyse, Klärung und Lösungssuche eines betrieblichen oder persönlichen Problems. Problemlösungsgespräche können also auch den persönlichen Gesprächen zugeordnet sein (siehe Kap. 5.1.2).

Zielvereinbarungs- und Auftragserteilungsgespräche
Zielvereinbarungs- und Auftragserteilungsgespräche sind typische ‹Führungsgespräche› und tragen dazu bei, Fehlleistungen zu vermeiden.

Instruktionsgespräche
Instruktionsgespräche finden statt nach einer Auftragserteilung oder bei der Einführung neuer Mitarbeiter.

5.1.2 Persönliche Gespräche

Neben den bereits genannten Problemlösungsgesprächen können folgende Gespräche als persönlich bezeichnet werden:

Vorstellungsgespräche
Vorstellungsgespräche dienen dazu, den Bewerber kennen zu lernen und ihn über das Unternehmen und die angebotene Stelle zu orientieren.

Qualifikations- und Standortbestimmungsgespräche
Ziel von Qualifikations- und Standortbestimmungsgesprächen mit Mitarbeitern ist das Aufdecken von Stärken und Schwächen und das Festlegen von Förderungsmassnahmen und neuen Zielsetzungen.

Kritikgespräche

Ein Kritikgespräch ist weder eine Moralpredigt noch ein Lobgesang. Es geht vielmehr darum, die Ursachen eines Verhaltens aufzudecken und so dem Mitarbeiter zu helfen, sich seiner Verhaltensweise bewusst zu werden. Kritikgespräche können und sollen auch positive Feedbacks beinhalten, das heisst sie müssen auf einem sinnvollen Kontrollverhalten basieren.

Die Frage- und Arbeitsblätter am Ende dieses Kapitels wollen Vorbereitung und Durchführung von Mitarbeitergesprächen erleichtern und Anregungen geben. Einige grundsätzliche Aspekte dazu werden nachfolgend behandelt.

5.2 Mitarbeitergespräche effizient gestalten

Vor jedem Mitarbeitergespräch ist genau zu überlegen, was damit erreicht werden soll; denn auch hier gilt das Sprichwort:

> ‹Wer nicht weiss, wohin er will,
> braucht sich nicht zu wundern,
> wenn er ganz woanders ankommt.›

5.2.1 Die Vorbereitung und Organisation des Mitarbeitergesprächs

Je sorgfältiger ein Mitarbeitergespräch vorbereitet wird, desto grösser ist die Gewähr, dass es Effizienz und Qualität besitzt. Das Einhalten folgender Punkte trägt dazu bei:

Gesprächsziele festlegen

Detaillierte Zieldefinitionen sind die beste Gesprächsvorbereitung. Mit Vorteil formuliert man die Ziele schriftlich.

Die Tür zur Führung

Beim Formulieren der Gesprächsziele sind die nachgenannten Kriterien zu berücksichtigen.

Gesprächsziele müssen

konkret sein, das heisst klar umgrenzt, verständlich und eindeutig. Eine Zielumschreibung wie ‹Ich möchte, dass der Mitarbeiter teamfähiger wird› taugt wenig. Besser hiesse es: ‹Ich will zusammen mit dem Mitarbeiter Massnahmen festlegen (vereinbaren), die es ihm ermöglichen, sich besser ins Team zu integrieren.›

einen Endzustand ausdrücken, das heisst die Ziele müssen etwas darüber aussagen, was am Ende des Gesprächs verwirklicht sein soll. Dabei geht es nie um langfristige Verhaltens- oder Leistungsziele, sondern immer um unmittelbare Gesprächsziele.

erreichbar sein, das heisst die Ziele sollten in der zur Verfügung stehenden Gesprächszeit realisierbar, umsetzbar sein.

adressatenbezogen sein, das heisst die Ziele müssen individuell auf die Aufnahmefähigkeit, die Möglichkeiten zur Verarbeitung und Realisierung sowie auf die psychische Verfassung des Gesprächspartners abgestimmt sein.

Gesprächsziele, welche die genannten Kriterien erfüllen, bewirken unter anderem

ein systematisches Vorgehen

weniger thematische Abweichungen

eine höhere Sicherheit bei der Gesprächsführung

eine bessere Kontrolle des Gesprächsverlaufes

konkretere Ergebnisse

eine bessere Ergebniskontrolle

Vorgehensplan aufstellen

Anhand der Gesprächsziele kann der Gesprächsverlauf strukturiert werden. Dabei ist nicht nur an die Ziele, sondern ebenso sehr an den Gesprächspartner zu denken. Je besser man ihn kennt, desto leichter sind die vorbereitenden Fragen zu beantworten:

Wie eröffne ich das Gespräch? (allenfalls Distanz abbauen, das ‹Eis brechen›)

In welcher Reihenfolge behandle ich die Gesprächspunkte? (Gesprächsziele gewichten)

Welche Fragen dienen der Zielerreichung? (Fragenkatalog erstellen)

Mit welchen Einwänden ist zu rechnen? (entsprechende Argumentation vorbereiten)

Ort, Zeitpunkt und Dauer festlegen

Ort und Zeitpunkt sollen nicht nur für den Vorgesetzten, sondern auch für den Mitarbeiter günstig sein, und es sollte genügend Zeit für das Gespräch eingeplant werden.

Gesprächspartner informieren

Ein weiterer Vorbereitungschritt besteht darin, den Gesprächspartner über den Zweck (soweit nützlich) und über den Zeitpunkt des Gesprächs zu orientieren. Besser als eine Terminvorgabe ist eine Terminvereinbarung (siehe vorhergehenden Punkt).

Unterlagen bereitlegen und ordnen

Vor der Durchführung des Gesprächs sind alle erforderlichen Dokumente (zum Beispiel Personalakten) zusammenzutragen und nach Gesprächspunkten zu ordnen.

Sich in den Gesprächspartner hineindenken und einfühlen

Bei der Vorbereitung und unmittelbar vor dem Gespräch soll man sich die psychische und physische Verfassung des Gesprächspartners vergegenwärtigen.

Die eigene Haltung prüfen

Die – vielfach unbewussten – Einstellungen des Vorgesetzten zum Mitarbeiter (Sympathie, Antipathie, Vorurteile usw.) prägen das Gespräch. Sie sind möglichst ins Bewusstsein zu rufen und kritisch zu hinterfragen. Eine unvoreingenommene, offene Haltung bildet die beste Gesprächsbasis.

Sich der Dienstleistung bewusst sein

Mitarbeitergespräche unterliegen dem Führungsgrundsatz der Dienstleistung. Schon bei der Vorbereitung sollte der Vorgesetzte diesen Aspekt im Auge behalten und überdenken, was er dem Mitarbeiter im Gespräch bieten kann:

Information (Denkanstösse, neue Ideen, Problemlösungen usw.)

persönliche Förderung (Anerkennung, aufbauende Kritik usw.)

fachliche Förderung (anspruchsvollere Aufgaben zuteilen, Aus- und Weiterbildungsmöglichkeiten planen usw.)

5.2.2 Die Durchführung des Mitarbeitergesprächs

Vor allem die zuletzt genannten Vorbereitungspunkte (sich in den Gesprächspartner hineindenken und einfühlen, die eigene Haltung prüfen, sich der Dienstleistung bewusst sein) sollten auch während des Gesprächs beachtet werden. Besonders einzuhalten sind die folgenden Kommunikationsgrundsätze.

Aktiv zuhören

Der einfachste und zugleich schwierigste Kommunikationsgrundsatz ist das aktive Zuhören. Dazu muss man

eine entspannte Gesprächsatmosphäre schaffen, das heisst unter anderem dem Gesprächspartner genügend Zeit einräumen, ihm Geduld und Verständnis entgegenbringen und ihm so zeigen, dass er frei sprechen kann.

den Gesprächspartner ausreden lassen, das heisst ihm nicht ins Wort fallen und ihn nicht unnötig unterbrechen; man kann nicht zuhören, während man selber spricht, und man hört nicht zu, wenn man über etwas anderes als das Gehörte nachdenkt.

Interesse zeigen, das heisst sich in das Gesprächsthema vertiefen, die Aussagen des Gegenübers gedanklich verarbeiten und ihm zeigen, dass man ihn verstanden hat (Feedback geben) oder ihm klärende Fragen stellen.

sich in den Gesprächspartner hineinversetzen, das heisst versuchen, die Dinge so zu sehen, wie das Gegenüber sie sieht; mit ihm und nicht über ihn denken.

auf nonverbale Informationen achten, das heisst aus der Verhaltenssprache des Gesprächspartners zu erkennen versuchen, was er mitteilen will und wie er sich fühlt.

Diese Art von Zuhören nennt sich ‹aktives Zuhören›, weil man nicht nur passiv aufnimmt, was gesagt wird, sondern sich aktiv bemüht, das Aufgenommene zu verstehen.

Das aktive Zuhören ist ein unterstützendes Zuhören. Es hilft dem Gesprächspartner, Probleme klärend darzulegen, Gefühle offen zu äussern und so eine Beziehung aufzubauen.

Und wie beispielsweise das Argumentieren wirkt auch das aktive Zuhören ansteckend: Es animiert den Gesprächspartner, ebenfalls aufmerksam zuzuhören und die Ansichten und Gefühle seines Gegenübers zu verstehen. Dies erleichtert die Kommunikation erheblich.

Um wirkungsvoll zu sein, muss diese Art des Zuhörens in der persönlichen Grundeinstellung verankert sein.

Gutes Zuhören zeichnet sich aus durch volle Anerkennung und Respekt gegenüber dem Gesprächspartner.

Die Tür zur Führung

Die Führungsrolle nicht ausspielen

Mitarbeitergespräche sind zwangsläufig asymmetrisch, das heisst die Gesprächspartner begegnen sich nicht auf der gleichen Beziehungsebene. Die Asymmetrie basiert auf der Führungsaufgabe des Vorgesetzten und kommt unter anderem darin zum Ausdruck, dass es weitgehend der Vorgesetzte ist, der den Gesprächsverlauf bestimmt.

Diese ungleichen Voraussetzungen können auch nonverbal zum Ausdruck kommen (etwa in der Sitzanordnung oder in der Sitzdistanz) und bewirken, dass beispielsweise Aussagen vorgetäuscht werden, dass der Mitarbeiter klein beigibt, sich einzuschmeicheln versucht usw.

Ein wichtiger Kommunikationsgrundsatz für den Vorgesetzten besteht darin, den Mitarbeiter dieses ‹Beziehungsgefälle› nicht fühlen zu lassen. Das ist dann der Fall, wenn Aussagen in Tonfall und Wortwahl umkehrbar (reversibel, symmetrisch) sind. Das heisst: Was der Vorgesetzte sagt, sollte auch der Mitarbeiter sagen dürfen, und den Tonfall, den der Vorgesetzte anschlägt, sollte auch der Mitarbeiter anschlagen dürfen (und umgekehrt).

Der Vorgesetzte

bestimmt den Gesprächsablauf

verfolgt **Führungsziele** und hat entsprechende Absichten und Erwartungen

Der Mitarbeiter

wird im Gespräch **geführt**

verfolgt u. a. **eigene Ziele** und hat entsprechende Absichten und Erwartungen

Sich selber kritisch beobachten

Gerade die asymmetrische Ausgangslage bei Mitarbeitergesprächen bedingt, dass die Gesprächspartner auf sich selbst hören und ihr eigenes Verhalten beobachten. Denn gefühlsmässige Einstellungen und Haltungen kommen – meist kaum bewusst – in der Verhaltenssprache zum Ausdruck.

Folgende Fragen helfen, das eigene Verhalten bewusst zu machen bzw. zu überdenken:

Wie ist meine gefühlsmässige Haltung zum Gesprächspartner? Ist er mir sympathisch oder unsympathisch? Was wirkt an ihm anziehend, was abstossend? Fühle ich mich ihm unterlegen oder überlegen?

Welche Rolle nehme ich ein? Bemühe ich mich, dem Gegenüber menschlich auf der gleichen Ebene zu begegnen?

Was geht gefühlsmässig in mir vor? Wie reagiere ich auf das Erscheinungsbild des Gesprächspartners, auf seine Redeweise, auf seine Ansichten usw.?

Wie verhalte ich mich? Was drückt meine Verhaltenssprache aus?

Weitere Grundsätze guter Gesprächsführung

Neben diesen Kernpunkten – dem aktiven Zuhören, dem Respektieren des Partners (symmetrisches Begegnen) und der Eigenreflexion – ist das Beachten der folgenden Hinweise einer guten Gesprächsführung förderlich.

Das gesteckte Gesprächsziel stets im Auge behalten

Das Gegenüber zu Stellungnahmen herausfordern (‹Wie beurteilen Sie diesen Punkt?›)

Aussagen des Gesprächspartners klären (‹Wenn ich Sie richtig verstehe, meinen Sie ...›)

Nachfragen (‹Können Sie mir dies noch etwas ausführlicher schildern?›)

Denkanstösse geben (‹Sehen Sie noch andere Möglichkeiten?›)

Den Dialog und nicht den Vortrag suchen; offene statt geschlossene Fragen verwenden (statt ‹Stimmt das etwa nicht?› zum Beispiel: ‹Wie sehen Sie das?›)

Unvoreingenommen, ‹sachlich› zuhören; nicht ‹persönlich werden›

Pausen nicht scheuen, dem Gesprächspartner Zeit zum Überdenken geben

Gefühle nicht ausklammern (Ich-Botschaften senden: ‹Ich verstehe Ihre Enttäuschung.›)

von Zeit zu Zeit die Gesprächsergebnisse zusammenfassen

Massnahmen zur Verwirklichung treffen (Was habe ich, was hat das Gegenüber zu tun?)

Das Gespräch positiv abschliessen

5.2.3 Die Auswertung des Mitarbeitergesprächs

Bei der Auswertung des Gesprächs können folgende Fragen hilfreich sein:

Sind die gesteckten Gesprächsziele (ganz/teilweise/nicht) erreicht worden?

Hat das Gespräch zu Ergebnissen geführt (neue Aspekte, neue Wege, gemeinsame Lösungen, Einsichten, Massnahmen)?

Wie beurteilt der Mitarbeiter das Gespräch? Weicht sein Urteil von meinem eigenen ab?

Hat das Gespräch den Willen des Mitarbeiters zur Zusammenarbeit geweckt bzw. verstärkt? Oder hat es Widerstand erzeugt? Falls ja: Wäre das zu vermeiden gewesen?

Ist es gelungen, den Mitarbeiter sicherer zu machen?

Besteht Gewissheit, dass die gegenseitige Verständigung geklappt hat?

Bestehen jetzt konkrete Massnahmen, wie der Mitarbeiter beginnen kann, seine Tätigkeit zu verbessern? Versteht er genau, was von ihm erwartet wird?

Ist der Mitarbeiter überzeugt, dass das Bestreben, ihn zu fördern, echt und von Dauer ist? Handelt es sich nicht um etwas, wofür man einige Monate begeistert ist und das dann wieder vergessen wird?

Sind keine leeren Versprechungen gemacht worden in Bezug auf Beförderungen, Gehaltserhöhungen, das eigene Verhalten usw.?

Wie wäre die eigene Reaktion gewesen, wenn man als Gesprächsteilnehmer auf der anderen Seite gesessen hätte?

Was ist als Nächstes zu tun (weitere Gespräche, Kontrollen, Hilfeleistungen usw.)?

Die Wirkung eines Mitarbeitergesprächs ist nicht in erster Linie vom Beherrschen der Gesprächstechnik abhängig, sondern von der alltäglichen Einstellung, vom grundsätzlichen Verhalten den Mitarbeitern und dem Betrieb gegenüber.

In einer Atmosphäre von Misstrauen, Druck und Prestigedenken führen selbst ‹erbauliche› oder brillante Gespräche zu keinen Resultaten.

Gespräche sollen Brücken schlagen, und Brücken brauchen tragfähige Fundamente, besonders gegenseitige Achtung und Vertrauen, Loyalität, Diskretion und Fairness.

5.3 Das Konfliktgespräch

Im Unterschied zum Problem (siehe Kap. 2.5) besteht der Konflikt in einer Spannungssituation zwischen zwei oder mehreren Personen oder Gruppen, die mit konkurrenzierenden oder gegensätzlichen Handlungen ihre unterschiedlichen, scheinbar oder tatsächlich unvereinbaren Pläne zu verwirklichen suchen.

Konflikte sind nicht plötzlich da, sondern entwickeln sich in Stufen, die gewisse Erkennungszeichen tragen.

Erste Kennzeichen sind Spannungen, die sich (zum Beispiel bei Diskussionen) in einem starren Festhalten an auseinander gehenden Standpunkten äussern. Gelingt keine Übereinkunft, verhärten sich die gegensätzlichen Positionen. Es entsteht ein Konkurrenzverhalten, das in der Folge dazu führt, dass nicht mehr debattiert, sondern gehandelt wird: Die Gegenparteien konfrontieren einander mit Fakten und stellen einander vor vollendete Tatsachen.

Dadurch verhärten sich die Fronten. Um nach aussen das Gesicht zu wahren und allenfalls ‹Anhänger› zu finden, zeichnet jede Partei von sich ein positives Image und sieht bei der Gegenpartei nur Negatives. Neutrale, objektive Wahrnehmungen sind nicht mehr möglich.

Mit der Zuspitzung des Konflikts wird versucht, die moralische Integrität des Gegners zu untergraben. Fruchtet dies nicht, greift man zu Drohungen und Forderungen, um den Gegner in die Knie zu zwingen.

Schliesslich werden diese Drohungen und Forderungen in die Tat umgesetzt. Dabei ist ein gegenseitiges Respektieren nicht mehr möglich. Vielmehr wird die Gegenpartei mit allen Mitteln bekämpft und zu zerstören versucht, selbst wenn die Einsicht besteht, dass der ‹Kampf› letztlich sinnlos ist und zur eigenen Niederlage führt.

Je früher Konflikte erkannt und richtig eingeschätzt werden, desto leichter sind sie zu bewältigen. Dabei gilt:

Im Zentrum der Konfliktbewältigung steht das Gespräch.

Ziel dieses Gesprächs ist es, die subjektive Wahrnehmung und die gefühlsmässige Betroffenheit der Beteiligten zu klären und so die Basis für eine befriedigende Lösung zu schaffen. Dabei sind die Konfliktparteien im Allgemeinen auf die Hilfe einer Drittperson (Vorgesetzter, eventuell externer Berater) angewiesen.

Ähnlich wie bei der Problemlösung (siehe Kap. 2.5) geht man bei der Konfliktbewältigung schrittweise vor. Die nachfolgende Treppe zeigt die Stufen des Konfliktgesprächs und weist auf besonders wichtige Punkte hin.

Massnahmen vereinbaren
konkrete, überprüfbare Ziele setzen

sich für eine Lösung entscheiden
klar und für alle akzeptabel entscheiden

die Lösungsvorschläge bewerten
ehrlich argumentieren

Lösungen zur Behebung des Konflikts entwickeln
Lösungen gemeinsam entwickeln

den Konflikt erkennen, definieren und entschärfen
auch emotionale Seiten berücksichtigen

Den Konflikt erkennen und definieren

Der Konflikt ist so zu beschreiben, dass weder Vorwürfe noch Wertungen zum Ausdruck kommen. Ziel ist es, den ‹Konfliktherd› verbal herauszukristallisieren. Dazu sind die Perspektiven der Konfliktparteien darzustellen. Unter Umständen ist es sinnvoll, die Betroffenen selbst zu Wort kommen zu lassen.

Für diese erste Stufe des Konfliktgesprächs ist genügend Zeit einzuräumen. Vorurteile und unverarbeitete Gefühle, die hier nicht abgebaut werden können, behindern später die Lösungssuche und -realisierung.

Ist man als Gesprächsleiter bzw. Vorgesetzter selbst in den Konflikt verwickelt, muss man auch die eigenen Gefühle zur Sprache bringen.

Lösungen zur Behebung des Konflikts entwickeln

Jeder Lösungsvorschlag ist vorurteilslos aufzunehmen, ohne ihn zu bewerten. Für jeden Konflikt bieten sich verschiedene Lösungen an, auch wenn es auf den ersten Blick oft nur eine zu geben scheint.

Meistens sind die ersten Lösungen nicht die besten, aber sie regen an, weitere Lösungen zu suchen.

Die Tür zur Führung

Die Lösungsvorschläge bewerten

Die vorgebrachten Lösungen sind von den Konfliktparteien zu beurteilen und die Vor- und Nachteile sorgfältig abzuwägen. Wenn im Verlauf der Bewertung neue Lösungen aufkommen oder Variationen vorgeschlagen werden, sind diese unbedingt mit zu berücksichtigen.

Sich für eine Lösung entscheiden

Der Konfliktbewältigung dient nur eine Lösung, zu der alle stehen können und bei der alle gewinnen.

Es empfiehlt sich, kurz vor der endgültigen Entscheidung die in Frage kommende Lösung nochmals zu formulieren. So geht man sicher, dass alle dasselbe darunter verstehen und dass die Lösung auch durchführbar ist.

Wenn jetzt nicht die beste Lösung gewählt wird, wird man sich mit einer mittelmässigen oder schlechten begnügen müssen.

Massnahmen vereinbaren

In einem letzten Schritt sind die Massnahmen zu vereinbaren, die zur Realisierung der Lösung erforderlich sind. Folgende Fragen sind zu beantworten:

Wer tut was und bis wann? (Zielvereinbarung)

Welche Hilfsmittel (Material, Geld, Personen usw.) sind nötig?

Wer ist zu informieren?

Welche ‹Spielregeln› könnten hilfreich sein?

Wie ist die Realisierung der Massnahmen zu kontrollieren?

Grundsätzlich sind Konflikte als Chancen zu werten: Sie können vielmals produktiv genutzt werden, positive Impulse geben und kreative Lösungen hervorbringen.

Die Tür zur Führung

Die Mitarbeiterbeurteilung (Beurteilungsblatt)

Name, Vorname: Funktion/Kostenstelle:

_____   _____

Leistungs-/ Verhaltenskriterien	––	–	–/+	+	++	*Begründungen/ Bemerkungen*
Arbeitsorganisation (Methodenkompetenz)						
Arbeitsqualität						
Leistung						
Fachkenntnisse (Fachkompetenz)						
Kommunikation/ Information						
Zusammenarbeit						
persönliches Verhalten						
pädagogische Fähigkeiten						
Mitarbeiterführung						

Datum: Visum Vorgesetzter:

_____   _____

                                                      Visum Mitarbeiter:

                                                      _____

Die Tür zur Führung

Fragebogen für das Mitarbeitergespräch

Name, Vorname: _____   Funktion/Kostenstelle: _____

1. Arbeit

Welches sind Ihre wichtigsten Tätigkeiten?

1.	5.
2.	6.
3.	7.
4.	8.

Welche Arbeiten machen Sie am liebsten?

_____

Welche Arbeiten machen Sie weniger gerne?

_____

Was könnte unternommen werden, um diese attraktiver zu machen?

a) von Ihnen: _____

b) von der Firma: _____

Fühlen Sie sich in Ihrer Aufgabe

überlastet ☐   ausgelastet ☐   nicht ausgelastet ☐

Glauben Sie, dass gewisse Änderungen in Ihrer Tätigkeit helfen würden, Ihre Leistungen zu verbessern? Wenn ja, welche?

_____

Sind die Arbeitsabläufe in Ihrem Bereich zweckmässig?
Wenn nein, was kann durch wen verbessert werden?

_____

Stehen Ihnen die richtigen Hilfsmittel zur Verfügung?
Wenn nein, was benötigen Sie zusätzlich?

_____

Die Tür zur Führung

2. Zusammenarbeit

Wie beurteilen Sie:

die Zusammenarbeit mit Ihrem Vorgesetzten? _____

die Unterstützung durch Ihren Vorgesetzten? _____

die Zusammenarbeit mit Ihren Arbeitskollegen? _____

die Unterstützung durch Ihre Arbeitskollegen? _____

Ihre Unterstützung für Ihre Arbeitskollegen? _____

3. Arbeitsklima

Wie würden Sie das Klima in Ihrer Abteilung oder Einheit bezeichnen:

angenehm ☐   befriedigend ☐   erträglich ☐   unerträglich ☐

Begründung und Verbesserungsvorschläge:

_____

4. Salär

Finden Sie Ihr Salär   gut ☐   befriedigend ☐   unbefriedigend ☐

5. Information/Kommunikation

Wie beurteilen Sie die Information/Kommunikation? Was sollte geändert werden?

_____

6. Bemerkungen, Anregungen, Vorschläge

_____

Zielvereinbarung:

_____

Zielerreichung:

_____

Datum der Besprechung: _____   Visum Vorgesetzter: _____

Visum Mitarbeiter: _____

Die Tür zur Führung

Standortbestimmungsgespräch (Fragebogen)

Name, Vorname: Funktion/Kostenstelle:

_____   _____

1. Arbeit

Welches sind die wichtigsten Tätigkeiten?
_____
Stimmen sie mit denen der Stellenbeschreibung überein?
_____
Welche Arbeiten werden bevorzugt, welche nicht, warum?
_____
Ist der Arbeitsablauf gut organisiert, sollte er geändert werden oder fehlen geeignete Hilfsmittel?
_____

2. Arbeitsleistung

A. Arbeitsqualität

Werden die Arbeiten sorgfältig, gewissenhaft und gründlich ausgeführt?
_____
Sind die geleisteten Arbeiten vollständig und werden die Anweisungen eingehalten?
_____

B. Arbeitstempo

Entspricht das Arbeitstempo unseren Anforderungen?
_____
Ist die Arbeitsleistung stetig und ausdauernd, können besondere Anforderungen gestellt werden (Belastbarkeit)
_____

3. Einstellung zur Arbeit/Fachwissen

Auffassungsgabe: Wie werden neue Aufgaben oder Situationen erfasst?
_____
Lernwilligkeit, Fachwissen: Genügt das angeeignete Fachwissen und ist die Bereitschaft vorhanden, sich weitere Kenntnisse anzueignen oder sich mit anderen Aufgabenbereichen vertraut zu machen? Persönliche Weiterbildung?
_____

Die Tür zur Führung

Urteils-, Entschlussfähigkeit, Selbstständigkeit (Kader): Liegt die Fähigkeit vor, selbstständig zu einem sachlich begründeten Urteil zu kommen, in kritischen Situationen sachlich sinnvolle Entscheide zu treffen?

4. Persönliche Eigenschaften/Zusammenarbeit

Zuverlässigkeit: Werden Aufgaben pflichtbewusst und vertrauenswürdig erfüllt?

Kontaktfähigkeit: Werden zu Mitarbeitern und Kunden sachbezogene zwischenmenschliche Beziehungen geschaffen?

Verhalten zu Mitarbeitern: Sind Teamgeist, Kollegialität, Hilfsbereitschaft und Toleranz vorhanden, die für eine gute Zusammenarbeit notwendig sind?

Verhalten zu Vorgesetzten: Wie ist das Verhalten gegenüber Vorgesetzten, wie werden Anordnungen und Kritik entgegengenommen?

Führungseigenschaften (Kader): Wie ist das Verhalten gegenüber Untergebenen, wie werden Kritik geübt, Anweisungen erteilt, Mitarbeiter instruiert und eingesetzt? Können Aufgaben delegiert werden?

5. Motivation

Ist der Mitarbeiter mit dem Arbeitsbereich ausgelastet und zufrieden?

Entsprechen die Leistungen des Arbeitgebers den Vorstellungen des Mitarbeiters (Arbeitsplatz, Lohn, Sozialleistungen usw.)?

6. Weitere Bemerkungen/Anregungen

7. Zu treffende Massnahmen

Datum: Visum Vorgesetzter:

Visum Mitarbeiter:

Kopie an:

Die Tür zur Führung

Schlüsselqualifikationen (Beurteilungsblatt)

Name, Vorname: Funktion/Kostenstelle:

Schlüsselqualifikationen	--	-	-/+	+	++	Begründungen/ Bemerkungen
Teamfähigkeit						
Persönliche Meinung vertreten						
Kameradschaft						
Konfliktfähigkeit						
Zuhören können						
Selbstständigkeit						
Lernbereitschaft						
Selbstsicherheit						
Selbstkontrolle						
Entscheidungsfähigkeit						
Grundtugenden						
Ordnungssinn						
Ehrlichkeit						
Zuverlässigkeit						
Zielstrebigkeit						
Flexibilität						
Konsensfähigkeit						
Umstellungsfähigkeit						
Beweglichkeit						
Sich anpassen können						
Kreativität						
Fantasie						
Vorstellungskraft						
Realitätssinn						
Improvisationsfähigkeit						
Organisationsfähigkeit						
Systematisches Vorgehen						
Koordinationsfähigkeit						
Persönliche Arbeitstechnik						
Rationelles Arbeiten						
Belastbarkeit						
Konzentrationsfähigkeit						
Ausdauer						
Aufmerksamkeit bei abwechslungsarmen Tätigkeiten						

Datum: Visum Vorgesetzter:

Visum Mitarbeiter:

Die Tür zur Führung

Entwicklungs- und Einsatzplan

Name: Vorname:

Funktion: Kostenstelle:

aufgestellt von: am:

genehmigt von: am:

Jahr	Datum von/bis	Förderungsmassnahmen bzw. Einsatz	Kostenstelle

Die Tür zur Führung

Jahresziele (Zielvereinbarung/Zielkontrolle)

	Jahr:
Name:	Vorname:
Funktion:	Kostenstelle:

Aufgaben/Tätigkeiten	Massnahmen zur Erreichung der Ziele	Rahmenbedingungen Unterstützung
1.		
2.		
3.		
4.		
5.		
6.		
7.		
8.		
9.		

Datum: Visum Vorgesetzter: Visum Mitarbeiter:

Betrifft (Ziel)	Zielerreichung (ja/nein)	Abweichungsanalyse (Umschreibung, Ursachen)	Korrekturmassnahmen (Was? Bis wann?)

Datum: Visum Vorgesetzter: Visum Mitarbeiter:

Die Tür zur Führung

Checkliste zur Vorbereitung von Mitarbeitergesprächen

Gesprächsgrund: _____

Gesprächsziel(e): _____
_____

Diskussionspunkte (gewichtet): _____
_____
_____
_____
_____
_____
_____
_____
_____

Gesprächseinstieg (Anknüpfungspunkte an letztes Gespräch?): _____
_____
_____
_____

Gesprächsabschluss (Massnahmen, neuer Termin, positive Aspekte): _____
_____
_____
_____

Geschätzte Gesprächsdauer (genügend Zeit anberaumen): _____

Fragen zu zentralen Gesprächspunkten formuliert? ☐

Argumente gegen mögliche Einwände gesammelt? ☐

Mitarbeiter orientiert (Gesprächsgrund, Gesprächsdauer)? ☐

Ort und Zeit vereinbart? ☐

Unterlagen bereitgestellt? ☐

Ist Gesprächsnotiz (-protokoll) nötig? ☐

Die Tür zur Führung

Kapitel 6

Die Werbung und Eingliederung neuer Mitarbeiter

Aufgaben und Anforderungen als Ausgangsbasis

Möglichkeiten der Personalwerbung

Die Auswahl von Mitarbeitern

Die Eingliederung neuer Mitarbeiter

6. Die Werbung und Eingliederung neuer Mitarbeiter

Für wohl jeden Menschen bedeutet die Berufswahl oder ein neues Tätigkeitsgebiet eine Herausforderung und auch ein Stück Lebensplanung. Die Berufswahl gilt in unserer Gesellschaft als persönlichkeitsbildender Faktor ersten Ranges, bestimmt sie doch in den meisten Fällen, was der Einzelne später beruflich, persönlich und gesellschaftlich wird.

Schon allein aus diesen Gründen sollten die wichtigsten Neigungen, Eigenschaften und Fähigkeiten eines Menschen in seinem Beruf so vereinigt werden können, dass sie seiner künftigen persönlichen Entwicklung optimal dienen.

Leider hat nicht jede Person bei der zu wählenden Tätigkeit optimale Voraussetzungen. Etliche wählen ihren Beruf oder ihre Tätigkeit nicht frei, sondern werden von den Eltern, vom Partner oder der Umwelt beeinflusst. Vielfach zeigen solche Menschen weder eindeutige Neigungen noch ausgeprägte Eigenschaften bzw. Eignungen; sie verhalten sich passiv und dumpf und haben keinerlei tragfähige Vorstellungen. Ihre Orientierungsbilder sind oft einseitig und beschränken sich auf unwesentliche Teilbereiche der Arbeitsbedingungen (zum Beispiel: ‹Man kann halt dort im Warmen arbeiten› oder ‹Man bekommt dort einen PC am Arbeitsplatz›).

Die Darlegungen zeigen, dass das Auswählen und Einstellen neuer Mitarbeiter kein leichtes Unterfangen ist, obwohl etliche Auswahlverfahren und -methoden bereitstehen.

Damit die Rekrutierung von neuem Personal in einem Unternehmen nicht zum Dauerproblem wird, ist eine Grundsatzpolitik zur Personalbeschaffung erforderlich, die gewährleistet, dass man die nötigen Mitarbeiter rechtzeitig findet und somit die anvisierten Unternehmensziele realisieren kann. Die Bestimmung und Auslese wie auch die Werbung von Personal verlangen eine klare und konkrete Personalpolitik nach innen und nach aussen.

Die Personalsuche läuft im Wesentlichen in fünf Phasen ab (siehe Darstellung). Mit Ausnahme der Anstellung werden diese im Folgenden näher beschrieben.

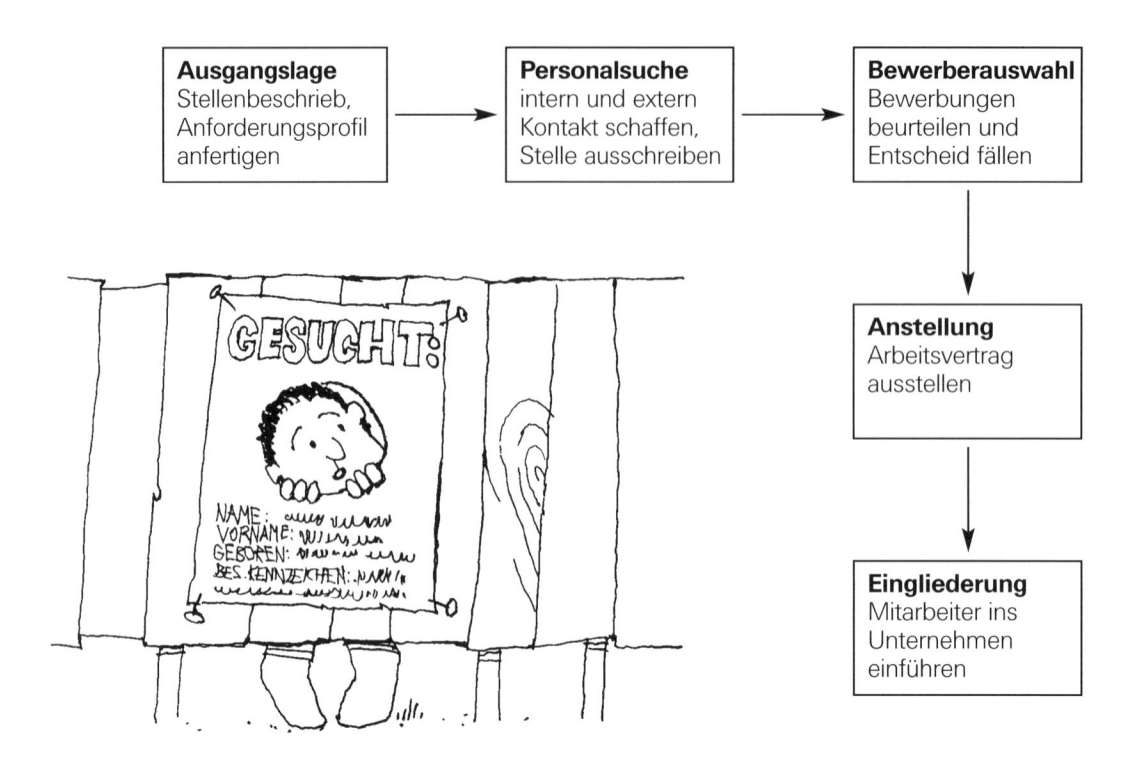

Ausgangslage	Personalsuche	Bewerberauswahl
Stellenbeschrieb, Anforderungsprofil anfertigen	intern und extern Kontakt schaffen, Stelle ausschreiben	Bewerbungen beurteilen und Entscheid fällen

Anstellung
Arbeitsvertrag ausstellen

Eingliederung
Mitarbeiter ins Unternehmen einführen

Die Tür zur Führung

6.1 Aufgaben und Anforderungen als Ausgangsbasis

Die Suche und Auswahl von neuem Personal setzt voraus, dass die vorgesehenen Aufgaben genau bekannt sind. Es empfiehlt sich, diese in einer Funktions- bzw. Stellenbeschreibung zu formulieren, aus der sich die notwendigen Anforderungen ableiten lassen.

Eine umfassende Ausgangsbasis sollte Auskunft geben über

erforderliche Kenntnisse (Ausbildung, Erfahrung, Fertigkeiten)

psychologische Anforderungen (Gesundheit, Nerven, Sinne, Erscheinung)

Arbeitsverhalten (Initiative, Leistung usw.)

allgemeine Erfordernisse (Verantwortungsbewusstsein, Teamfähigkeit, Vielseitigkeit, Selbstständigkeit, Toleranz, unternehmerisches Denken)

Aufgaben

Die Aufgaben ergeben sich aus der Stellenbeschreibung, die als Führungsinstrument bereits in Kapitel 2 zur Sprache gekommen ist (vgl. speziell Abschnitt 2.4.1). Im Einzelnen liefert sie folgende Informationen:

Bezeichnung der Stelle und Rang des Stelleninhabers

direkter Vorgesetzter, unmittelbar unterstellte Mitarbeiter und Stellvertreter

Zielsetzung der Stelle

Hauptaufgaben und Befugnisse (Kompetenzen und Verantwortung)

Informationsaufgaben und -pflichten und Zusammenarbeit bei vernetzten Tätigkeiten

eventuelle Entwicklungsmöglichkeiten sowie mittel- und längerfristige Perspektiven

Anforderungen

Während das fachliche Anforderungsprofil aufgrund der Stellenbeschreibung weitgehend feststeht, sind die übrigen der nachfolgend aufgeführten Anforderungen im Einzelfall neu festzulegen.

Person:	Charakter/persönliche Eigenschaften Alter Geschlecht
Ausbildung (fachlich):	Grundausbildung Weiterbildungen Sprachkenntnisse
Praxis:	Berufserfahrung Branchenerfahrung Spezialkenntnisse
Anstellungsbedingungen:	Salär/Salärrahmen Sozialversicherungen Arbeitszeit (eventuell Teilzeit) Ferien

6.2 Möglichkeiten der Personalwerbung

Früher war es fast ausschliesslich üblich, neue Mitarbeiter mit einem Zeitungsinserat zu suchen. Die Rekrutierungsmethoden haben sich mit der Zeit verfeinert und verlagert. So stehen heute vielfältige Möglichkeiten offen:

Inserate in Tageszeitungen, Fachzeitungen/-zeitschriften, speziellen Stellenanzeigern, Gewerkschaftszeitungen, Angebote aus dem Internet usw.

Personalvermittlungsfirmen, Arbeitsämter usw.

direkte Anwerbung in Hochschulen, Berufsschulen, Privatschulen, Institutionen usw.

Berufsberater, Personalberater

Miteinbezug von Mitarbeitern (durch Personalblatt, Anschlag im Betrieb usw.)

Stellenwechsel innerhalb der Unternehmensgruppe (Tochtergesellschaften u.Ä.)

Eigenwerbung von Aussenstehenden (durch Mund-zu-Mund-Werbung, Empfehlung usw.)

Bevor man eine externe Rekrutierung ins Auge fasst, sollte man sich folgende Grundsatzfragen stellen:

Ist es eine Ganztages-Anstellung?

Ist die Arbeit nur für eine beschränkte Zeit vorgesehen?

Ist überhaupt ein neuer Mitarbeiter nötig?

Kann ein Mitarbeiter aus der Unternehmung die Tätigkeit ausführen?

Muss es ein externer Mitarbeiter sein?

Lohnt sich der Aufwand einer Anstellung?

Erst wenn diese Fragen geklärt sind, wird man die Stelle publizieren. Die Publikation bzw. das Stelleninserat bildet in vielen Fällen den ersten Kontakt mit einem neuen Mitarbeiter. Deshalb sollte man dem Verfassen von Stellenanzeigen besondere Beachtung schenken, spielen sie doch bei der Personalwerbung – und auch bei der Mitarbeiterauswahl – eine zentrale Rolle. Zudem sind sie vielfach eine Erfolg versprechende Werbung für den Betrieb.

Kernpunkte eines Stelleninserates

Anhand des Stellenbeschriebs und des Anforderungsprofils fällt es leicht, ein informatives und präzises Stelleninserat abzufassen. Folgende Kernpunkte sollten enthalten sein (vgl. auch die Checkliste am Ende des Kapitels):

Firmenprofil (Branche, Grösse, Standort usw.)

Stellenbeschrieb (Aufgabe, Position, Arbeitsplatz, Aufstiegsmöglichkeiten usw.)

Anforderungsprofil (Ausbildung, Kenntnisse, Praxis, Alter, Antrittstermin usw.)

Leistungen (Sozialleistungen, Ferien, Weiterbildungsmöglichkeiten usw.)

Bewerbungsart (schriftlich, telefonisch, Kurzbewerbung usw.)

Adressat (Personalabteilung, Kontaktperson, Anschrift, Telefonnummer usw.)

6.3 Die Auswahl von Mitarbeitern

Es gibt eine ganze Palette von Mitteln, um den geeigneten Mitarbeiter zu finden. Dazu zählen schriftliche Bewerbungen, Abschlusszeugnisse und Diplome, Arbeitszeugnisse, Empfehlungsschreiben, Fotos, graphologische Gutachten, Tests (Prüfung der beruflichen Kenntnisse, psychologische Untersuchungen, ärztliche Untersuchungen), Auskünfte bzw. Referenzen, Vorstellungsgespräche.

6.3.1. Methoden und Auswahlverfahren

Die wichtigsten Methoden und Auswahlverfahren und ihre Aussagekraft seien hier kurz angeführt:

Analyse und Bewertung der Bewerbungsunterlagen

Bewerbungsschreiben (Begründung)

Lebenslauf (lückenloser Lebenslauf)

Referenzen

Zeugnisse

Prüfung des Personalfragebogens

Vorstellungsgespräch

Analyse des Ausdrucksverhaltens

Analyse des Leistungsverhaltens

Analyse des Sozialverhaltens

(Zum Vorstellungsgespräch siehe Kap. 6.3.2.)

Gruppendiskussion

Analyse des Ausdrucksverhaltens

Analyse des Leistungsverhaltens

Analyse des Sozialverhaltens

Analyse des Verhaltens mehrerer Bewerber in verschiedenen praxisbezogenen Leistungssituationen

Testverfahren

Leistungstests

Intelligenztests

Charakter-/Persönlichkeitstests

Graphologisches Gutachten

Analyse des Persönlichkeitsbildes

Analyse des Leistungsbildes

6.3.2 Das Vorstellungsgespräch

Das Vorstellungsgespräch soll nicht nur Informationen über die Berufseignung von Bewerbern liefern, sondern auch dazu dienen, den möglichen ‹Neuen› kennen zu lernen. Zudem soll es eine erste positive Begegnung zwischen dem Betrieb (Vorgesetzten) und dem potenziellen Mitarbeiter sein.

Das Vorstellungsgespräch – auch Auswahl- oder Anstellungsgespräch genannt – hat also den Zweck,

sich vom Bewerber eine persönliche Meinung bilden zu können

die schriftlich erhaltenen Angaben zu überprüfen und zu ergänzen

die Verhaltensweisen und die äussere Erscheinung des Bewerbers kennen zu lernen

etwas über seine Neigungen, Interessen und Einstellungen zu erfahren

den Bewerber über die zu vergebende Stelle, die Anstellungs- und Arbeitsbedingungen sowie über die allgemeine Situation der Firma zu informieren

Dass die Grundsätze guter Gesprächsführung (vgl. Kap. 5) auch für das Vorstellungsgespräch gelten, versteht sich von selbst. Speziell zu beachten sind folgende Rahmenbedingungen und Verhaltensregeln:

gut vorbereitet sein (Personalunterlagen studieren) und genügend Zeit einsetzen

den Bewerber nicht unnütz warten lassen, pünktlich sein

das Gespräch in einem angenehmen Raum und möglichst unter vier Augen führen

den Bewerber als zukünftigen Mitarbeiter betrachten und als Persönlichkeit akzeptieren

ihm berufliches und menschliches Interesse entgegenbringen

Positives hervorheben und damit den Bewerber ermuntern, sich offen zu äussern

seine Ansichten anerkennen und auf Bewertungen verzichten

sich kein überstürztes Urteil (Vorurteil) bilden

Was fragen?

Berufliche Ausbildung

beruflicher Werdegang (heutige Aufgabe)

Gründe für Stellenwechsel

Qualifikationen

Zukunftsaussichten (Karrierepläne langfristig)

persönliche Bestrebungen und Ambitionen

Stärken und Schwächen

Familienverhältnisse

Freizeitbeschäftigung

Erwartungen und Befürchtungen

Die Tür zur Führung

Worüber informieren?

Über die vorgesehene Tätigkeit (Kompetenz und Verantwortung)
über den Arbeitsplatz und die Arbeitsumgebung
über Vorgesetzte und Mitarbeiter
über das Unternehmen (Entwicklung/Umsatz/Produkte/Anzahl Beschäftigte/ Marktstellung usw.)
über Gehalt, Ferien, Sozialleistungen
über das weitere Vorgehen

Möglicher Gesprächsablauf

1. Bewerber begrüssen und für das Erscheinen danken.

2. Den Ablauf des Vorstellungsgespräches bekannt geben (Ziel, Zeit, Aufbau usw.).

3. Auf den eigentlichen Gesprächsinhalt eingehen.
   (Mit jenem Gesprächsthema beginnen, über das sich am leichtesten reden lässt; eventuell die betreffende Stelle genau beschreiben oder den Betrieb ganz oder teilweise zeigen.)

4. Abmachungen/Ergebnisse zusammenfassen (Termine setzen für Entscheide usw.).

5. Das Gespräch auf positive Weise abschliessen und sich verabschieden.

6. Zusammenfassende Notizen erstellen (Eindruck, Beobachtungen, Überlegungen).

Während des Gesprächs gilt es Aussagen und Verhalten des Bewerbers aufmerksam wahrzunehmen, zu interpretieren und zu fühlen:

Ein Grossteil der Beurteilung beruht auf dem richtigen Fühlen und Bewerten.

Um dieses ‹Fühlen› zu verfeinern, sind folgende Kriterien hilfreich:

Spricht der Bewerber überzeugt oder ist er unsicher? (Hinweis auf innere Sicherheit, Selbstvertrauen)
Steht er emotional über dem Gespräch oder wird er emotional überschwemmt? (Hinweis auf seelische Reife und Belastbarkeit)
In welchem Verhältnis steht das Interesse zum Können?
Wie ist das Verhalten im Alltag? (Hinweis auf persönliche Konflikte, Spannungsfelder usw.)
Wagt der Bewerber eine persönliche Stellungnahme und ist diese klar, fest? (Hinweis auf persönliche Einstellung, Klarheit der Gedanken)
Ist das Auftreten natürlich stabil oder situationsabhängig labil?

6.4 Die Eingliederung neuer Mitarbeiter

Die Einführung eines neuen Mitarbeiters in ein Unternehmen ist für ihn und für den Betrieb eine wichtige Angelegenheit. Von der Art, wie diese Aufgabe erfüllt wird, hängt die Einstellung des Neuankömmlings zu seiner Tätigkeit, zu den Vorgesetzten und zur Firma überhaupt ab. Sie prägt seine Einsatz- und Leistungsbereitschaft.

Sämtliche Methoden der Auslese und selbst das Einstellungsgespräch sind wertlos, wenn der neue Mitarbeiter nicht von Anfang an angemessen behandelt wird.

Sich in die Situation des neuen Mitarbeiters versetzen

ein neuer Abschnitt seines Lebens beginnt

er hat Hoffnungen, Erwartungen

er ist bereit, sein Bestes zu leisten

alles ist ihm fremd und wirkt vielleicht befremdend

er ist ‹gespannt› und vielleicht ein wenig besorgt und unsicher

er stellt sich Fragen über seine zukünftige Beschäftigung, seine neuen Vorgesetzten, Arbeitskollegen und Mitarbeiter

er fühlt sich zuerst etwas einsam

trotz seiner Neugierde ist er eher vorsichtig und zurückhaltend, manchmal auch leicht misstrauisch, denn er spürt, dass man ihn beobachtet

er ist besonders empfänglich und beeindruckbar

An das zu erreichende Ziel denken

Es gilt den guten Willen und das Interesse des neuen Mitarbeiters zu fördern, seine positive Einstellung zur Firma und ihren Vertretern zu stärken, sein Selbstvertrauen zu steigern, seine Anpassung an die Arbeit zu begünstigen und ihm die Eingliederung in die Umgebung (Firma, Gruppe, ausserbetriebliche soziale Verhältnisse) zu erleichtern.

Die Einführung systematisch vorbereiten

sich klar machen, welche Aufgaben der Neueintretende übernehmen soll

untersuchen, ob und wann er diese Aufgaben erfüllen kann

wenn möglich eine oder mehrere leichtere, aber schon nützliche Einführungsarbeiten vorsehen (allfällige Bildungs- oder Erfahrungslücken schliessen)

nötigenfalls einen Einführungs- und Ausbildungsplan ausarbeiten

eventuell einen ‹Paten› zur Einarbeitung und Betreuung bestimmen

den Arbeitsplatz mit den erforderlichen Hilfsmitteln in geordnetem Zustand bereitstellen

Betroffene Stellen und Personen informieren

Vorgesetzte und andere Vertrauens- oder Kontaktpersonen sind möglichst unverzüglich über den neuen Mitarbeiter zu orientieren (zum Beispiel ‹Pate›, Empfangsstelle, Teamkollegen, zukünftig unterstellte Mitarbeiter, eventuell Kunden).

Sich persönlich vorbereiten

Für das Einstellungsgespräch und die Eingliederungsphase sind die Personalakten zusammenzustellen und zu studieren. Dabei sollte man besonders jene Punkte beachten, über die der neue Mitarbeiter voraussichtlich bald Auskunft haben möchte. Für den Empfang selber ist genügend Zeit zu reservieren.

Sich Termine setzen

Wann (bis wann) soll der neue Mitarbeiter über gewisse Punkte oder Gebiete näher orientiert werden?

Wann (bis wann) soll er bestimmten Personen vorgestellt werden?

Wann will man mit ihm über seine Eindrücke, Wünsche und Anregungen sprechen? (Probezeit beachten)

Eine gute Einführung ist der Grundstein für die Entwicklung, Zufriedenheit und Leistungsfähigkeit des neuen Mitarbeiters.

Erst wenn der neue Mitarbeiter sich integriert hat, ist ein neuer Mitarbeiter gewonnen.

Die Tür zur Führung

Orientierung des neuen Mitarbeiters

Die Informationen an den neuen Mitarbeiter sollten sachlich und vor allem stufenweise erfolgen; denn niemand kann alles auf einmal aufnehmen und verarbeiten. Besonders zu pflegen und zu fördern sind der gegenseitige Kontakt und das Vertrauen.

Über Tage oder Wochen verteilt, ist folgendes Wissen zu vermitteln:

Firma (Entwicklung, Organisation, leitende Persönlichkeiten, Geschäfts- und Personalpolitik, Traditionen, Produkte oder Dienstleistungen, Besonderheiten der Unternehmung)

Abteilung oder Amt (Gesamtbild, allgemeine Aufgaben, Zusammenhänge, Dienstweg)

individuelles Arbeitsgebiet

Stellung (eventuell Titel, Unterstellungsverhältnisse)

Befugnisse, Hilfsmittel, Verantwortungen

allgemeine und besondere Pflichten

voraussichtliche Anfangsschwierigkeiten

eventuell Versetzungs- und Aufstiegsmöglichkeiten

Qualifikationswesen

Vorschlagswesen

Vertrauensperson(en) («Pate»)

Ergänzungen zum Anstellungsvertrag, Lohn

soziale Leistungen der Firma

Vorschriften über Arbeitshygiene und Unfallverhütung

Dienstordnung, interne Regeln

Personalkommission und -verbände

Ausbildungs- und Weiterbildungsmöglichkeiten

Freizeitvereinigungen

Lebensweise und Mentalität der ansässigen Bevölkerung

Vorgehen bei persönlichen Schwierigkeiten

Die Tür zur Führung

Zehn wichtige Punkte bei der Einführung eines neuen Mitarbeiters

1. Eigenart des Anfängers berücksichtigen
2. Angenehme Atmosphäre schaffen
3. Interesse wecken und wach halten
4. Schrittweise vorgehen; klare Aussagen machen
5. Schlüsselpunkte betonen
6. Zuerst auf Genauigkeit und Sorgfalt achten
7. Mitarbeiter überlegen und arbeiten lassen; ihn auch aus Fehlern lernen lassen
8. Selbstvertrauen stärken und Selbstständigkeit fördern
9. Planmässig kontrollieren und verbessern (lassen)
10. Fehler zuerst bei sich selber suchen

**Für den Fachmann ist alles leicht,
für den Anfänger alles schwer.**

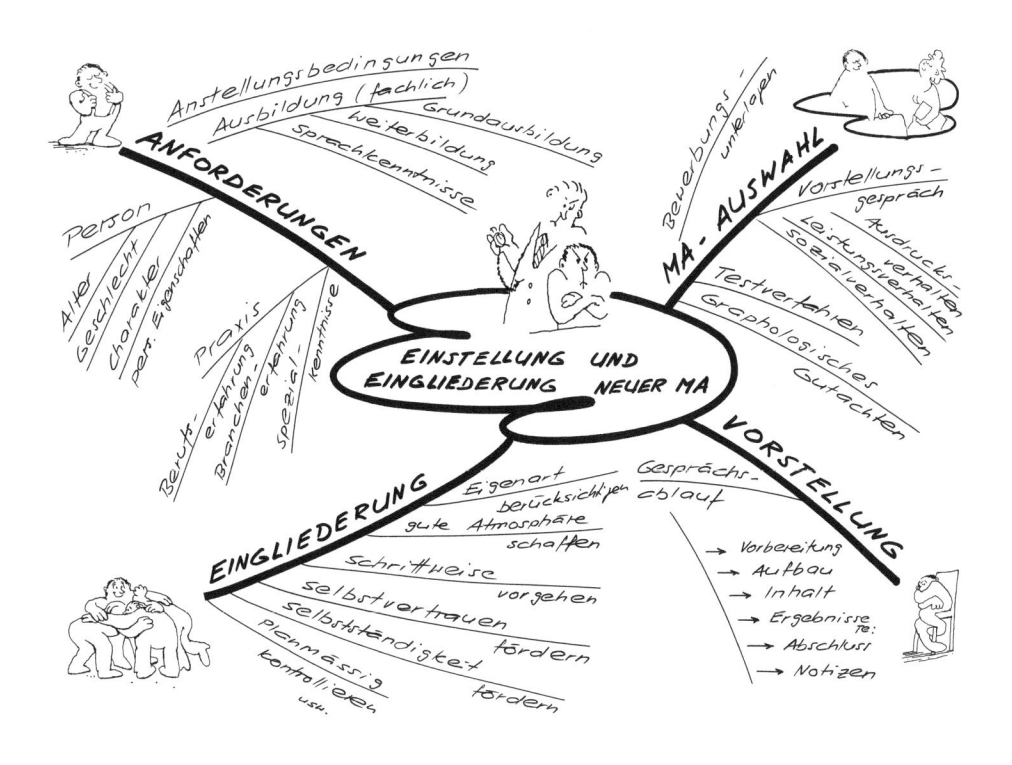

Die Tür zur Führung

Checkliste für die Personalauswahl

Name, Vorname:

Adresse:

Telefon Privat: Geschäft:

Geburtsdatum: Konfession:

Zivilstand: ☐ ledig   ☐ verheiratet   ☐ getrennt   ☐ geschieden   ☐ verwitwet

Bildung/Weiterbildung:

Funktion (Tätigkeitsbeschrieb):

spezielle Aktivitäten/Funktionen (zum Beispiel Zivilschutz, Militär usw.):

Freizeitbeschäftigung:

Besondere Kenntnisse (Marktwert/Selbstbild):

Arbeitsstellen wo/wann/wie lange (Anzahl Wechsel):

Grund für den Stellenwechsel (Ehrlichkeit):

Positive und negative Erlebnisse in ehemaligen Tätigkeitsgebieten (Stellen):

Die Tür zur Führung

Referenzen und persönliches Verhalten zu ehemaligen Vorgesetzten: _____
_____

Erscheinungsbild: _____
_____

Auftreten und Verhalten (Gepflegtheit): _____
_____

Gesprächsverhalten (Kommunikationsfähigkeit): _____
_____

Schriftliche Bewerbung: _____
Begleitbrief, Lebenslauf: _____
_____

Zeugnisse: _____
_____
_____
_____

Auskünfte Vorgesetzte: _____
_____
_____

Auskünfte Personalstelle: _____
_____
_____

Bewerbungsgespräch: _____
_____
_____

Eignungstests: _____
_____

Verschiedenes: _____
_____

Datum: _____ Visum: _____

Die Tür zur Führung

Checkliste zur Einführung neuer Mitarbeiter

Name, Vorname: Eintritt:

Betrieb/Abteilung:

Direkter Vorgesetzter:

A. Vor Stellenantritt	Wer	Wann	Erledigt
Einarbeitungsprogramm erstellen			
Kontaktperson (zum Beispiel ‹Pate›) für die Einarbeitung und Betreuung bestimmen			
Mitarbeiter und Vorgesetzte des engeren Bereichs über den bevorstehenden Eintritt orientieren			
Vorbereiten des Arbeitsplatzes und der Arbeitsmittel (inklusive persönlicher Ausrüstung)			
Garderobenschrank			
Zeit für den Empfang reservieren			
Eine oder mehrere (leichtere) Einführungsarbeiten für die ersten zwei bis drei Wochen bereitstellen			
Zeiterfassung (je nach Betrieb Stempelkarte bereitstellen)			
Beschaffen des Personalblattes bei der Personalabteilung			

B. Am Eintrittstag	Wer	Wann	Erledigt
Abholen beim Empfang			
Abgabe Dokumentation/Reglemente/Richtlinien			
Vorstellen bei Vorgesetzten und Mitarbeitern			
Bekanntmachen mit ‹Pate›			
Vorstellen des Einführungsprogrammes			
Kurze Orientierung über Abteilung/Betrieb			
Orientierung über Arbeitszeit			
Abgabe der persönlichen Hilfsmittel			
Verpflegung (Personalrestaurant)			
Personaltransporte/Zugsverbindungen			
Toiletten/Garderobe/Waschraum			
Möglichkeit zur ersten Hilfe/Sanitätsposten			
Interne Notrufe			

Die Tür zur Führung

Am Eintrittstag zeigen bzw. hinweisen:	Wer	Wann	Erledigt
Personalrestaurant			
Anschlagbrett			
Lohnbüro (Komplettieren der Personalien und Abgabe von Dokumenten: Versicherungsausweise, Bankkonto, Familienbüchlein)			
Einführung in Arbeitsgebiet am Arbeitsplatz (Übergabe einer einfachen Aufgabe)			
Standortbestimmung am Tagesende über erste Eindrücke, Wünsche und allfällige Unklarheiten			

C. Während der ersten Woche	Wer	Wann	Erledigt
Rundgang durch Betrieb			
Orientierung über:			
interne Einkaufsmöglichkeiten			
Telefon: intern/extern, privat, geschäftlich			
Merkblatt Sirenen-Alarmierung, Verhalten bei Unfall, Krankheit, Ereignissen im Betrieb usw.			
interne Arbeitsabläufe (Logistik)			
Besonderheiten des Betriebes: Betriebsvorschriften, Sicherheitsvorschriften für Betrieb, betriebliche Gefahrenstoffe			

▲▲ Die Tür zur Führung

Das Einführungsprogramm

Name, Vorname: _____

Zeit	Aufgaben	Wer	Wann	Erledigt
1. Woche				
2. Woche				
3. Woche				
4. Woche				
nach Ablauf der Probezeit	Qualifikation, Zielvereinbarung Ist/Soll Mitarbeitergespräch (Inhalt: Fortschritt bei der Einarbeitung, Kontakt zu Kollegen, Einleben in die neue Umgebung usw.)			

Dieses Einführungsprogramm ist vom Mitarbeiter und vom Vorgesetzten zu unterzeichnen und mit der Qualifikation an die Personalabteilung zu schicken.

Datum: _____

Der Mitarbeiter: _____

Der Vorgesetzte: _____

Die Tür zur Führung

Checkliste für Stelleninserate

Wir sind

Firma, Branche	☐
Grösse, Bedeutung	☐
Firmensitz, Verkehrslage	☐
Produkte, Produktionsprogramm, Dienstleistung	☐
Wirtschaftliche Situation	☐
Führungsstil	☐
Betriebsklima	☐
Alter und Entwicklung des Unternehmens	☐

Wir suchen (Sie suchen)

eventuell Ausschreibungsgrund	☐
Stellenbezeichnung	☐
Positionsbezeichnung (hierarchische Stellung im Betrieb)	☐
Haupt- und Nebentätigkeiten	☐
Arbeitsplatzbeschrieb (Besonderheiten)	☐
Aufstiegsmöglichkeiten	☐
Antrittstermin	☐

Wir erwarten (Sie sind/Sie haben)

Ausbildung	☐
Praxis, Erfahrung	☐
Kenntnisse (Spezialkenntnisse)	☐
Fähigkeiten und Eigenschaften (Teamfähigkeit, Belastbarkeit usw.)	☐
Alter (eventuell Geschlecht)	☐

Wir bieten

Arbeitszeit, Sozialleistungen, Ferien	☐
Aus- und Weiterbildung	☐
Freizeitgestaltung	☐
Wohnungshilfe u. a.	☐

Ihre Bewerbung

Bewerbungsform (ausführlich, kurz, handschriftlich, telefonisch usw.; evtl. Termin)	☐
Bewerbungsunterlagen (Personalienblatt mit Foto, Zeugnisse, Referenzen)	☐
Adressat (Abteilung, Kontaktperson, vollständige Adresse, evtl. Telefonnummer)	☐

Kapitel 7

Die Mitarbeiterförderung

Vorzeigen und nachmachen lassen

Projektorientierte Mitarbeiterförderung

7. Die Mitarbeiterförderung

Vorgesetzte aller Stufen haben Mitarbeiter auszubilden, zu instruieren oder – umfassender gesagt – zu fördern. Das Spektrum dieser Aufgabe reicht vom konkreten Vorzeigen einzelner Tätigkeiten über begleitendes Anregen und Stützen bis zum Vermitteln von Anleitungen zum selbstständigen Handeln. Ziel jeder Förderungsmassnahme ist es, dem Mitarbeiter Erfolgserlebnisse zu verschaffen, sein Selbstvertrauen zu stärken, ihn von der Fremdkontrolle zur Selbstkontrolle und damit zur Selbstverantwortung und Selbstständigkeit zu führen.

Fachkenntnisse und praktische Berufserfahrungen allein reichen dazu nicht aus. Ebenso wichtig sind methodisches Geschick, Einfühlungsvermögen, Verständnis und Geduld.

7.1 Vorzeigen und nachmachen lassen

Lernen beruht zu einem grossen Teil auf der Nachahmung von Vorbildern und Beispielen. So erwirbt beispielsweise das Kleinkind so komplexe Fertigkeiten wie das Sprechen oder die Formen des sozialen Umgangs durch Nachahmen und eigenes Probieren (Versuch- und-Irrtum-Verhalten).

Diese natürliche Lernmethode auch in der Mitarbeiterförderung anzuwenden liegt nahe, gibt es doch zahlreiche Situationen, in denen der Vorgesetzte bzw. Ausbilder etwas vorzeigen kann, um eine bestimmte Technik oder ein bestimmtes Verhalten zu vermitteln. Man denke etwa an Produktionsabläufe oder Arbeitstechniken (Bedienung einer Maschine, Konstruktion eines Teiles usw.).

Aus der Sicht der Lernpsychologie geht es hierbei um das Erlernen von Fertigkeiten, die in ihrem Ablauf weitgehend genormt sind, das heisst die einzelnen Schritte sind in ihrer Abfolge und in ihrem Ergebnis festgelegt.

Beim Nachmachen des Vorgezeigten ist der Mitarbeiter eher reproduktiv tätig: Das eigene Erfinden und Probieren tritt in den Hintergrund. Dies mag der Grund dafür sein, dass diese Lehrform besonders häufig bei der Einführung neuer Mitarbeiter angewandt wird, bei der vielfach normierte, eng definierte Handlungs- und Bewegungsabläufe im Vordergrund stehen.

Dabei ist zu bedenken, dass der Mensch Neues nie losgelöst von der Wirklichkeit aufnimmt, sondern dieses mit dem eigenen Standpunkt und Erfahrungshorizont in Verbindung bringt und von diesem aus beurteilt. So ist es durchaus möglich, dass er im Einzelfall zu zweckmässigeren Arbeitsschritten findet, die es dann auch anzuerkennen gilt.

7.1.1 Die Gestaltung des Vorzeigens

Bei der Anwendung dieser Förderungsform ist es wichtig, dem Mitarbeiter eine möglichst klare Vorstellung vom Handlungsablauf und vom angestrebten Ergebnis zu vermitteln, seine innere Anteilnahme zu aktivieren und zu unterstützen und ihn bei Misserfolgen zu ermutigen.

Diese Ziele – klare Vorstellung, Unterstützung und Ermutigung – sind am ehesten erreichbar, wenn man

den Sinn und die Bedeutung der Handlung erläutert und die Problemstellung erklärt

komplexe Handlungen in überschaubare Teilschritte zerlegt und diese einzeln wiederholt

den gesamten Handlungsablauf langsam und akzentuiert demonstriert

die vorgezeigte Handlung sprachlich kommentiert und charakterisiert

die Anforderungen in Bezug auf das angestrebte Ergebnis definiert und illustriert

das Ergebnis bzw. die Wirkung einer Handlung zeigt und kommentiert

generell die Zusammenarbeit und die gegenseitige Hilfe der Mitarbeiter fördert

Werden Handlungen in Einzelschritte aufgegliedert, muss die Gesamthandlung sichtbar bleiben; denn bei einem isolierten Üben von Teilschritten besteht die Gefahr, den Bezug zum Ganzen und damit den übergeordneten Sinn zu verlieren.

7.1.2 Die Vorbereitung

Vor einer Instruktion, die auf der Methode des Vorzeigens beruht, ist zu überlegen:

Wer erteilt die Instruktion?
Das Erteilen von Instruktionen ist nicht notwendig Sache des Vorgesetzten. Jeder Mitarbeiter, der die erforderlichen Fachkenntnisse besitzt, mit andern umzugehen weiss, Geduld aufbringt und methodisch richtig vorzugehen versteht, kann Instruktionsaufgaben übernehmen.

Wer wird instruiert?
Je mehr man über den zu instruierenden Mitarbeiter weiss (Vorbildung, Sprache, Mentalität, Alter usw.), desto angepasster, gezielter und individueller kann man vorgehen.

Was wird instruiert?
Thema und Inhalt der Instruktion sind präzis festzulegen (Zielsetzungen).

Welche Hilfsmittel eignen sich für diese Instruktion?
Der Einsatz von Hilfsmitteln (Zeichnungen, Modelle, Checklisten, Werkzeuge usw.) erleichtert und unterstützt die Instruktion.

Wie wird instruiert?
Arbeitsabläufe kann man beschreiben («Zuhörermethode»), vorzeigen («Zuschauermethode») oder aufs Geratewohl ausführen lassen («Probiermethode»).
Isoliert eingesetzt, lassen diese Methoden eine erfolgreiche Instruktion nur beschränkt zu. Deshalb empfiehlt es sich, die Vorteile der drei Methoden zu vereinen und in vier Stufen vorzugehen.

7.1.3 Die 4-Stufen-Methode

Die nachfolgend beschriebene 4-Stufen-Methode bildet ein geeignetes Vorgehen, um berufsspezifische Arbeitsweisen, Fertigkeiten und Verfahren sowie die dazu notwendigen Kenntnisse zu vermitteln (siehe dazu auch die Instruktionsprinzipien im Anhang dieses Kapitels).

1. Stufe: Vorbereiten

Eröffnet wird die Instruktion, indem man

das Interesse zu wecken versucht

Sinn und Zweck der Arbeit erklärt und diese in den Gesamtzusammenhang stellt

das Instruktionsprogramm bekannt gibt (Ziele, Vorgehen, Zeitplan, Pausen)

den Mitarbeiter wo nötig mit dem Arbeitsplatz vertraut macht (Werkzeuge, Hilfsmittel usw.)

2. Stufe: Vormachen

Danach führt man die Arbeitsschritte vor und erklärt sie (Was? – Wie? – Warum so?). Zu achten ist auf

eine unbefangene Atmosphäre: freundlicher, höflicher, möglichst lockerer Umgangston

die richtige Platzierung: gut sichtbare Demonstration, günstige Arbeitsanordnung

die Schlüsselpunkte: Entscheidendes/Besonderheiten/Gefahren hervorheben

die gedankliche Aktivierung des Mitarbeiters: Fragen stellen (z. B. nach Schlüsselpunkten)

3. Stufe: Nachmachen lassen

Nun lässt man den Mitarbeiter die Schritte selber ausführen. Das eigenständige Tun ist für den Lernerfolg entscheidend. Dabei ist zu beachten, dass

der Mitarbeiter seine Handlungen erklärt (Was? – Wie? – Warum so?)

die Genauigkeit wichtiger ist als das Tempo

gute Ideen des Mitarbeiters anerkannt werden

4. Stufe: Allein arbeiten und üben lassen, kontrollieren

Zuletzt festigt der Mitarbeiter das Gelernte durch selbstständiges Trainieren; denn bekanntlich macht nur Übung den Meister. Der Instruierende soll dabei

den Mitarbeiter aus Fehlern lernen lassen

die Kontrollfunktion allmählich reduzieren

eine langsame Steigerung des Tempos fordern, aber Geduld zeigen

zufrieden stellende Leistungen anerkennen

den Mitarbeiter ermutigen und so sein Selbstvertrauen fördern

7.2 Projektorientierte Mitarbeiterförderung

Neue Technologien, Aufgaben und Verfahren führen zu veränderten Anforderungen. In vielen Bereichen ist es unmöglich (und auch nicht sinnvoll), dass mehrere Personen über alles umfassend Bescheid wissen. Besonders in hochspezialisierten Bereichen liegt das Fachwissen und -können nicht beim Vorgesetzten, sondern bei den Mitarbeitern.

An die Stelle von Instruktionen tritt hier das eigenständige Lernen: Die Mitarbeiter beschaffen selbstständig die Informationen, die sie zur Erledigung der anstehenden Aufgaben oder Projekte benötigen, bewältigen selber die Ausführung und Bewertung und treffen auch gemäss Zielvereinbarung mit dem Vorgesetzten die erforderlichen Entscheidungen.

Kernpunkt der projektorientierten Förderung ist das selbst gesteuerte Lernen und Arbeiten.

Das selbst gesteuerte Lernenlassen ist allerdings nicht auf Spezialbereiche wie etwa Forschungs- und Entwicklungsprojekte beschränkt. Vielmehr ist es ein ganz grundsätzliches Mittel, um Mitarbeiter zu fördern.

Für den Vorgesetzten stellt sich dabei die Aufgabe, die Mitarbeiter mit fortschreitendem Ausbildungsstand systematisch im selbstständigen Informieren, Planen, Ausführen und Bewerten von Aufgaben anzuleiten und dabei die Schlüsselqualifikationen zu fördern (siehe Kap. 7.2.1).

Während also der Vorgesetzte das Lernen zunächst noch durch direktes Einwirken mittels Gesprächen, Instruktionen usw. steuert, nimmt er seine Aktivitäten mit zunehmender Erfahrung des Mitarbeiters schrittweise zurück und fördert das selbst gesteuerte Lernen mit Hilfe von Leittexten und -fragen, Leithinweisen oder anderen Arbeitsmitteln.

Mit dieser Förderungsform ermöglicht man dem Mitarbeiter eine eigene Arbeitsführung und das Übernehmen von Verantwortung und Selbstkontrolle. Nicht zuletzt werden damit auch seine Flexibilität sowie seine Kommunikations-, Kritik- und Teamfähigkeit gefördert.

7.2.1 Schlüsselqualifikationen in der Mitarbeiterförderung

Im Rahmen der projekt- und transferorientierten Ausbildung werden Schlüsselqualifikationen als berufs- und fachübergreifende Fähigkeiten verstanden.

In der öffentlichen Diskussion um die Schlüsselqualifikationen geht es meistens darum, welche übergeordneten Qualifikationen im Zuge des technischen und arbeitsorganisatorischen Wandels an den Arbeitsplätzen der Zukunft notwendig werden und wie diese vermittelt werden können.

Die Schlüsselqualifikationen tangieren eine breite Palette pädagogischer Fragestellungen, zum Beispiel:

Systematisches Vorgehen beim Planen der eigenen Arbeit

prozessorientiertes Denken und Handeln

Selbstständigkeit und Selbstverantwortung

Initiative

Entscheidungsfähigkeit

Umstellungsfähigkeit, Flexibilität

Lernbereitschaft sowie Anwendung von Lern- und Arbeitstechniken

Teamfähigkeit, Kommunikation und Kooperation

soziale Sensibilität und Verantwortung

Hilfsbereitschaft

Fairness

Ausdauer und Durchsetzungsvermögen

In der Mitarbeiterförderung kommt drei Punkten zunehmend grosse Bedeutung zu, nämlich der

Selbstständigkeit und Selbstverantwortung

Kooperationsbereitschaft und Teamfähigkeit

Lernfähigkeit (aktive Lernhaltung, Anwendung von Lern- und Arbeitstechniken)

Für das Einüben von Schlüsselqualifikationen mit lernaktiven Methoden eignen sich Förderungsziele, bei denen die Mitarbeiter praxisrelevante Themen und Aufgaben bearbeiten können.

Das Konzept der Schlüsselqualifikationen kann dazu dienen, die Ausbildung von Mitarbeitern in Zeiten des technischen Wandels neu zu bewerten und die Schwerpunkte des Lernens neu zu setzen. Die Veränderungen führen auch in der Mitarbeiterförderung zu neuen Zielen, die man mit den Begriffen aktive Handlungsfähigkeit und Selbstständigkeit durch handelndes Lernen (learning by doing) umschreiben kann.

Schlüsselqualifikationen haben zum Ziel, den Menschen – sei es beruflich oder privat – zu Flexibilität und Kreativität zu führen sowie zu ganzheitlichem Denken und Handeln anzuregen.

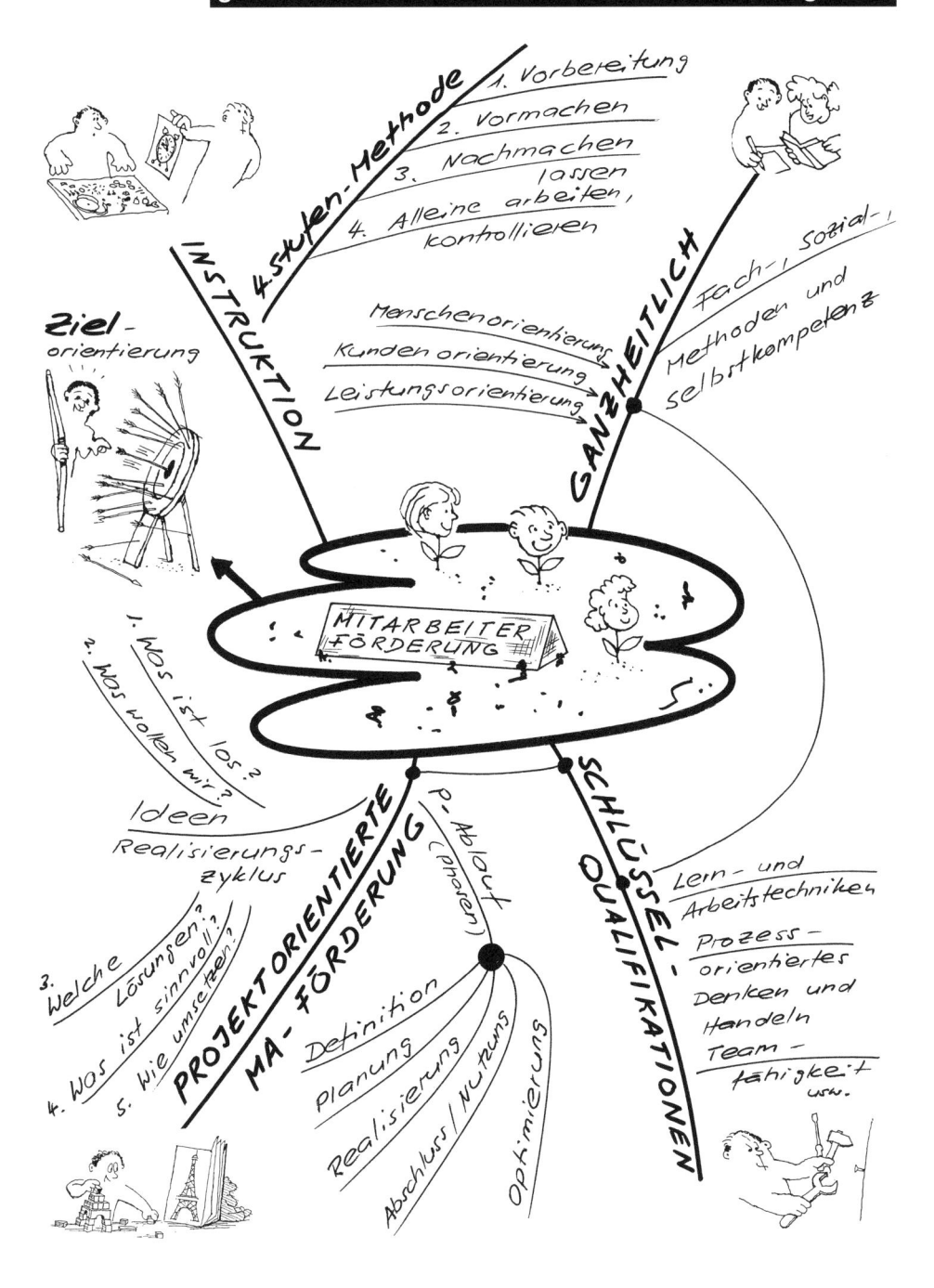

MITARBEITERFÖRDERUNG

INSTRUKTION
- 4-Stufen-Methode
  1. Vorbereitung
  2. Vormachen
  3. Nachmachen lassen
  4. Alleine arbeiten, kontrollieren
- Zielorientierung

GANZHEITLICH
- Menschenorientierung
- Kundenorientierung
- Leistungsorientierung
- Fach-, Sozial-, Methoden- und Selbstkompetenz

PROJEKTORIENTIERTE MA-FÖRDERUNG
- Realisierungszyklus / Ideen
  1. Was ist los?
  2. Was wollen wir?
  3. Welche Lösungen?
  4. Was ist sinnvoll?
  5. Wie umsetzen?
- P.-Ablauf (Phasen)
  - Definition
  - Planung
  - Realisierung
  - Abschluss / Nutzung
  - Optimierung

SCHLÜSSELQUALIFIKATIONEN
- Lern- und Arbeitstechniken
- Prozessorientiertes Denken und Handeln
- Teamfähigkeit
- usw.

Die Tür zur Führung

Merkblatt: 10 grundlegende Instruktionsprinzipien

Vorbereitung

Nehmen Sie rechtzeitig das Instruktionsprogramm zur Hand (Checkliste: Was ist wie zu zeigen?). Klären Sie, welche Vorkenntnisse der Mitarbeiter mitbringt. Denken Sie an den Arbeitsplatz und die Hilfsmittel! Haben Sie genügend Zeit?

Phasen

Ist der Aufbau, die Reihenfolge sinnvoll? Machen Sie Unterteilungen, nicht alles in einem Zug! Denken Sie an die Pausen!

Atmosphäre

Achten Sie darauf, dass sich der Mitarbeiter in Ihrer Nähe und am Arbeitsplatz wohl fühlt und Vertrauen zu Ihnen hat. Weisen Sie zu Beginn kurz auf den Sinn und Zweck der Arbeit hin.

Platzierung

Stellen Sie sich so zum Mitarbeiter, dass er alles gut sieht und die Handlungen selber vornehmen kann. Nicht Sie, sondern der Mitarbeiter soll den Arbeitsplatz einnehmen.

Selbsttätigkeit

Lassen Sie den Mitarbeiter schon von Anfang an selbstständig überlegen und arbeiten (geistig und manuell), so gewinnt er Freude an der neuen Tätigkeit.

Schlüsselpunkte

Machen Sie den Mitarbeiter darauf aufmerksam, worauf bei der Arbeit besonders geachtet werden soll und warum (oder lassen Sie ihn dies selber sagen). Machen Sie auf Gefahrenmomente oder wichtige Handgriffe aufmerksam.

Tempo

Verlangen Sie am Anfang in erster Linie genaue Ausführungen und steigern Sie erst dann das Tempo. Haben Sie Geduld.

Selbstvertrauen

Wenn der Mitarbeiter die Arbeit recht macht, so sagen Sie es ihm, anerkennen Sie gute Leistungen nach jedem Schritt. Wecken Sie das Interesse und die Initiative des Mitarbeiters.

Kontrolle

Überzeugen Sie sich durch planmässige Kontrollen, ob der Mitarbeiter alles richtig verstanden hat und auch anwendet; stellen Sie Kontrollfragen und lassen Sie den Mitarbeiter selber kontrollieren.

Fehler

Aus Fehlern lernt man am meisten. Lassen Sie deshalb den Mitarbeiter Fehler machen, solange Sie dabei sind, und korrigieren Sie ihn freundlich. (Das Fehler-machen-Lassen ist natürlich nur zulässig, wenn keine Gefahr für den Mitarbeiter oder andere Personen besteht.)

Die Tür zur Führung

Arbeitsblatt zur Vorbereitung einer Instruktion

Name, Vorname:

Thema der Instruktion:

Ausgangslage/Vorkenntnisse:

Mitarbeiter: Datum:

Zielsetzung: Was soll erreicht werden?

Ablauf der Instruktion (Grobkonzept):

Ort: Instruktor/Vorgesetzter:

Hilfsmittel/Einrichtungen:

Verschiedenes:

Die Tür zur Führung

Beobachtungsprotokoll für die Einzelinstruktionen

Thema: Mitarbeiter:

Datum: Zeit:

Beobachter:

Instruktor/Vorgesetzter:

	Beobachtungen:
1. Gewissenhafte Vorbereitung (Arbeitsplatz, Instruktionsunterlagen)	
2. Gute Atmosphäre bei klarer Disziplin Wie reagiert der neue Mitarbeiter?	
3. Richtig platzieren Spiegelbild/Augenkontakt	
4. Selbstvertrauen stärken Anerkennung aussprechen, loben	
5. Schrittweise vorgehen Schrittgrösse und Menge (Lernelement)	
6. Selbstständigkeit, üben lassen erste Tätigkeit	
7. Langsam erklären und zeigen (Anschaulichkeit/deutliche Sprache)	
8. Schlüsselpunkte/Unfallverhütung (Kniffe und Arbeitsvorteile)	
9. Fehler erleben lassen. Wie erledigt der Instruktor/Vorgesetzte eigene Fehler?	
10. Kontrolle (durch Vorgesetzten) Erziehung zur Selbstkontrolle	
Verschiedenes:	

Die Tür zur Führung

Instruktionsmethodik/Arbeitszergliederung

Thema: _____

Arbeitsplatz: _____

Zeit Min.	*Was* Lernschritte *Was ist zu tun? Was ist zu üben?*	*Wie* Schlüsselpunkte Kontrollpunkte Kniffe Handhabungen Unfallgefahren *Worauf ist zu achten?*	*Warum* (Begründung)

Die Tür zur Führung

Instruktions-Praxisbeispiel (Methodik, Arbeitszergliederung)

Thema: Sonnenhut

Ort: Bastelraum (Zimmer 12)

Zeit: maximal 10 Minuten (je nach Teilnehmer)

Was Lernschritte **Was ist zu tun?** **Was ist zu üben?**	**Wie** **Worauf ist zu achten?** (Zeichnungen/Skizzen)	**Warum** (Begründung)
1. Zeitungsseite in der Senkrechten und in der Waagrechten vorfalzen	Zeitungen bereitstellen	Je nach Hutgrösse kann das entsprechende Papier verwendet werden
2. Zeitung in der Waagrechten halbieren	Die offene Seite muss nach unten zeigen	
3. Die rechte obere Ecke der Zeitung bis zum senkrechten Mittelfalz umklappen		
4. Den Randstreifen [A/B] umklappen		Durch das Umklappen von [D] ist der Rand entstanden
5. Objekt wenden und Ecke [C] falten (gleich wie Schritt 3)		
6. Den Randstreifen [F/E] nach oben falten		
7. Fertig ist der Sonnenhut Sichtkontrolle		

Die Tür zur Führung

Ablaufplanung einer Instruktion oder Demonstration

Thema/Lernziel(e):

Ausbilder/Instruktor:

Datum:

Zeit Min.	Methode, Sozialform	Inhalt, Tätigkeit (Lernschritte)	Hilfsmittel, Medien	Schlüsselpunkte

Kapitel 8

Mitarbeiter motivieren

Was ist Motivation?

Faktoren der Leistungsmotivation

Hygienefaktoren als Motivationsbasis

Entwicklungsbedürfnisse als Motivatoren

Motivation ist tägliche Kleinarbeit

Die Tür zur Führung

8. Mitarbeiter motivieren

Selbst wenn die Rahmenbedingungen in einem Unternehmen stimmen, ist ein wirksames Führen erst möglich, wenn der Vorgesetzte dazu motiviert ist. Er leistet damit bereits einen Beitrag zur Motivation der Mitarbeiter.

Was einen Menschen anspornt, eine Tätigkeit – gleichgültig in welcher Funktion – engagiert auszuführen, ist nicht bis ins Letzte zu entschlüsseln. Denn die Beweggründe sind nie sichtbar und darüber hinaus von Person zu Person verschieden. Fest steht nur, dass Unzufriedenheit und Interesselosigkeit zu einem ‹Dienst nach Vorschrift› und zu Minimalleistungen führen, die niemanden befriedigen. Deshalb ist die Frage nach der Motivation für jeden Vorgesetzten wichtig.

8.1 Was ist Motivation?

Der Ausdruck Motivation kommt vom lateinischen Wort movere und bedeutet ‹bewegen›, ‹verändern›, ‹beeinflussen›, aber auch ‹drängen›. All diese Inhalte stecken auch in den Begriffen ‹Motivation› und ‹Motiv›.

Motive sind alle bewussten und unbewussten Antriebe und Anreize, die das individuelle und soziale Handeln veranlassen und nach Richtung, Inhalt und Intensität beeinflussen.

Die Antriebe erwachsen aus Bedürfnissen, denen ein Mangel- oder Spannungszustand zugrunde liegt, den man zu beseitigen oder aufzuheben sucht. Die Anreize dagegen gehen von Ideen oder Zielen aus, die man zu verwirklichen oder zu erreichen versucht. In beiden Fällen werden Kräfte mobilisiert: Man ist motiviert.

Motivation ist von Bedürfnissen und Gefühlen produzierte Energie, die sich auf ein Ziel richtet.

Gefühle spielen bei der Motivation eine zentrale Rolle. Obwohl sie oftmals nicht bewusst sind, bilden sie elementare ‹Triebfedern›. So zeigen gefühlsmässig aktivierte Menschen grundsätzlich eine hohe Leistungsbereitschaft. Voraussetzung ist allerdings, dass die Gefühle auf ein Ziel gerichtet sind. Erst dadurch werden sie zu Motiven.

Ein gutes Einfühlungsvermögen befähigt Vorgesetzte, Mitarbeiter emotional zu aktivieren und damit zu motivieren, das heisst Bedürfnisse aufrechtzuerhalten, Antriebskräfte zu bündeln und diese auf Aufgaben im Unternehmen auszurichten. Das klingt leichter, als es ist. Denn Motivation ist, wie die nachfolgende Grafik zeigt, von zahlreichen Komponenten bestimmt.

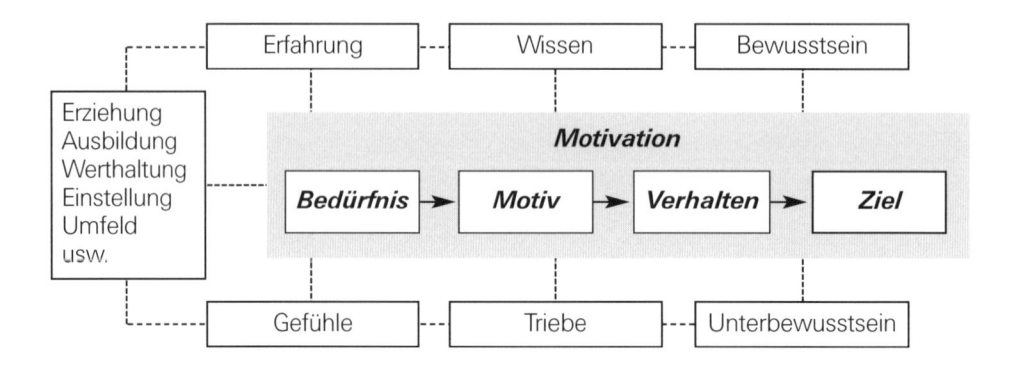

8.2 Faktoren der Leistungsmotivation

Was motiviert Menschen konkret, Leistungen zu erbringen? Eine Antwort auf diese Frage suchte man 1980 mit einer Umfrage bei 208 Führungskräften zu finden.

Die Vorgesetzten hatten zu Motivationsfaktoren Stellung zu nehmen, die auf äusseren und inneren Bedingungen beruhen. In der nachstehenden Übersicht sind diese Faktoren aufgeführt. Zu beachten ist, dass die Faktoren nicht isolierte Grössen darstellen, sondern sich wechselseitig beeinflussen.

Motivationsfaktoren aus äusseren Bedingungen

Aufgabenstellung Engagement, Erfolg	**Arbeitsbedingungen** Führungs- und Kooperationsklima
Entlöhnung Höhe, Gerechtigkeit	**Sicherheit** Einkommen, Position

Motivationsfaktoren aus inneren Bedingungen

Selbstbestätigung Geltung, Einfluss	**Selbst- und Mitbestimmung** Identifikation, Kooperation
Kommunikation Information, Solidarität	**Weiterentwicklung** Aufstieg, Qualifikation

Das Ergebnis hat gezeigt, dass Erfolg, Verantwortlichkeit, Anerkennung sowie die Aufgabe selbst die Hauptmotivatoren für Leistung und Zufriedenheit darstellen. Äussere Gegebenheiten (Lohn, Sicherheit oder Arbeitsbedingungen) stehen demnach bei Führungskräften eher im Hintergrund.

Das deckt sich mit der Tatsache, dass für Leistungen mehrheitlich nicht äussere, sondern innere Komponenten entscheidend sind, nämlich

Leistungsbereitschaft (das Wollen)

Leistungsfähigkeit (das Können)

Leistungsmöglichkeit (das Dürfen)

Massnahmen zur Leistungsförderung bzw. -motivation können bei allen drei Komponenten erfolgen, und es ist jeweils zu bestimmen, wo sie am wirksamsten sind.

Innere Motivation

Die innere Motivation ist wesentlich vom Charakter und von der Einstellung beeinflusst. Sie bestimmt, was freiwillig und ohne Zwang getan wird, und ist grundsätzlich immer vorhanden.

Von aussen her ist die innere Motivation nur beschränkt steuerbar. Vorgesetzte müssen sich deshalb hier darauf konzentrieren, Hindernisse zu beseitigen, die eine volle Entfaltung der Leistungsbereitschaft und Leistungsmöglichkeit erschweren oder gar verhindern.

Die Motivation fördern heisst:

der inneren Motivation den Weg ebnen.

Äussere Motivation

Die äussere Motivation wird durch das Umfeld (Normen, Belohnung, Situation, Druck usw.) erzeugt und ist nur so lange wirksam, als der entsprechende Zustand erkennbar vorhanden ist.

Von negativen Massnahmen wie dem Ausüben von Druck oder Zwang abgesehen, sind hier beispielsweise Belohnungen (Gehaltserhöhung, Beförderung u. a.) wirksam.

Solche äusserlichen Strategien haben allerdings gelegentlich einen manipulativen Charakter. Nicht nur deshalb sind sie fragwürdig, sondern auch, weil sie Wiederholungen bewirken können, sodass man (etwa bei Lohnerhöhungen) schnell an Grenzen stösst. Zudem können äussere Motivationsmassnahmen nach einiger Zeit zur Selbstverständlichkeit werden. Dieser Aspekt wird im nächsten Abschnitt näher beleuchtet.

8.3 Hygienefaktoren als Motivationsbasis

Mitte der 50er Jahre fanden der Arbeitswissenschafter Frederick Herzberg und seine Mitarbeiter in einer Untersuchung heraus, dass es Faktoren gibt, die nicht oder nur in geringem Mass motivieren, deren Fehlen jedoch meistens zu verminderten Leistungen führt. Herzberg nannte diese Faktoren ‹Hygienefaktoren›.

Der Ausdruck spielt darauf an, dass Hygiene für die Gesundheit zwar wichtig ist, jedoch noch nicht zu einem erfüllten Leben führt. Ähnlich genügen Hygienefaktoren nicht, um bei der Arbeit Zufriedenheit und Lust zu empfinden. Wird aber die ‹Arbeitshygiene› nicht beachtet, entstehen Unlust und Unzufriedenheit, genauso wie Krankheiten das Resultat fehlender ‹Gesundheitshygiene› sein können.

Hygienefaktoren sind zum Beispiel

eine angemessene Entlöhnung

eine vernünftige Personalpolitik

befriedigende zwischenmenschliche Beziehungen zu Mitarbeitern und Vorgesetzten

ein effektiver und kooperativer Führungsstil

fortschrittliche Arbeitsbedingungen

ein anregendes persönliches Umfeld

Häufig werden diese Faktoren gar nicht bemerkt bzw. als selbstverständlich betrachtet. Sind sie aber nicht vorhanden, empfindet man dies als Mangel. Und entdeckt man Hygienefaktoren bei anderen (beispielsweise bei Mitarbeitern), nicht aber bei sich selbst, entstehen Gefühle der Unzufriedenheit und Frustration.

Man könnte die Hygienefaktoren als ‹äussere Motivationsstifter› bezeichnen, gehen sie doch von äusseren Fakten aus: vom Arbeitsumfeld und von den Rahmenbedingungen eines Unternehmens. Obwohl sie mit der Arbeit, mit der Tätigkeit und ihrem Inhalt nicht unmittelbar zusammenhängen, sind sie für die Leistungsbereitschaft grundlegend; denn ein intaktes Arbeitsklima bildet die Basis für das Engagement von Mitarbeitern.

Basis der Motivationsarbeit ist es, die Hygienefaktoren sicherzustellen.

Gerade dies wird vielfach wenig beachtet: So verweigern Vorgesetzte ihren Mitarbeitern oft bewusst oder unbewusst bestimmte Leistungen (Aufmerksamkeit, Respekt, Bestätigung, Lohnanpassung u. a.) oder überwachen einzelne Mitarbeiter stärker als andere, das heisst sie setzen Hygienefaktoren ungleich ein. Dadurch begünstigen sie die Leistungen der bevorzugten Mitarbeiter, verringern jene benachteiligter Mitarbeiter und schaden damit der Gesamtleistung.

Die Tür zur Führung

Eigentliche Motivatoren sind nach der Untersuchung von Herzberg vor allem psychische und soziale Faktoren, die mit der Arbeit und der Aufgabe direkt zusammenhängen:

Leistung und Erfolg (Erfolgserlebnis)

Anerkennung

die Arbeit selbst (das daraus entstehende Interesse an der Tätigkeit)

die Verantwortung (Zuständigkeit und Kompetenz)

Aufstieg und Beförderung

persönliche Entfaltung und Selbstbestätigung

Die Faktoren, die laut Aussagen von Führungskräften für Leistung und Zufriedenheit verantwortlich sind und auf inneren Bedingungen basieren (vgl. S. 143), sind demnach eigentliche Motivatoren.

Die beiden Einflussgrössen, die Herzberg ermittelt hat, sind nicht statisch. Motivatoren können leicht zu Hygienefaktoren, also zu Selbstverständlichkeiten oder ‹Standards› werden. Umgekehrt können Standards (Hygienefaktoren) einen Anreiz gewinnen und Motivatoren werden, wenn sie eine Zeit lang gefehlt haben.

So waren etwa Sozialleistungen vor noch nicht allzu langer Zeit für Mitarbeiter klare Motivatoren, stellten sie doch etwas Besonderes dar. Heute werden solche Leistungen als selbstverständlich vorausgesetzt. Die anfänglichen Motivatoren sind damit zu Hygienefaktoren geworden.

Umgekehrt können beispielsweise Arbeiten, die unter grossem Stress zu bewältigen sind, bei normalen Bedingungen als angenehm empfunden werden. Auch kann ein lediglich durchschnittliches Arbeitsklima als höchst positiv erlebt werden, wenn ein Mitarbeiter zuvor in einer unerträglichen Atmosphäre tätig war. In beiden Fällen werden Hygienefaktoren zu Motivatoren.

Motivieren kann sich also keineswegs darauf beschränken, Mitarbeitern mit ständig neuen Motivatoren Anreize zu verschaffen. Vielmehr ist die ‹Arbeitshygiene› zu pflegen, indem man etwa in Mitarbeitergesprächen

auf Standards (Hygienefaktoren) hinweist und ihnen so eine motivierende Bedeutung gibt

Ursachen für Unzufriedenheit aufdeckt und Probleme klärt

grundsätzlich Vertrauen in das Arbeitsinteresse von Mitarbeitern bekundet

individuelle Wünsche und Bedürfnisse von Mitarbeitern ernst nimmt

Ein motivierendes Arbeitsklima bedingt eine motivierende Arbeitsstruktur: Aufgaben sollten abwechslungsreich sein und unterschiedliche Fähigkeiten fördern, gleichzeitig aber eine gewisse Kontinuität besitzen; denn schnelle Wechsel sind ebenso frustrierend wie monotone Tätigkeiten. Ferner sollte sich ein Mitarbeiter mit der Arbeit identifizieren können, das heisst: Er sollte seine Tätigkeit in ihrem Zusammenhang und in ihrer Bedeutung verstehen.

Motivierend ist weiter die Möglichkeit, Arbeiten nach eigenen Vorstellungen und eigenem Ermessensspielraum gestalten zu können, damit Erfolge auch als Ergebnisse eigener Anstrengung und Fähigkeit erlebt werden können. Und schliesslich sind Informationen und Feedbacks über das Ergebnis von Arbeiten nötig, sodass nicht das Gefühl aufkommt, man arbeite für die Schublade oder sogar für den Papierkorb.

8.4 Entwicklungsbedürfnisse als Motivatoren

Das menschliche Verhalten wird durch eine Reihe grundlegender Bedürfnisse beeinflusst, die verschiedene Psychologen in Kategorien eingeteilt haben. Für die Frage nach der Motivation eignet sich besonders das von Abraham Maslow entwickelte Modell, das fünf hierarchisch aufgebaute Bedürfniskategorien unterscheidet.

Hierarchie der menschlichen Bedürfnisse nach A. Maslow

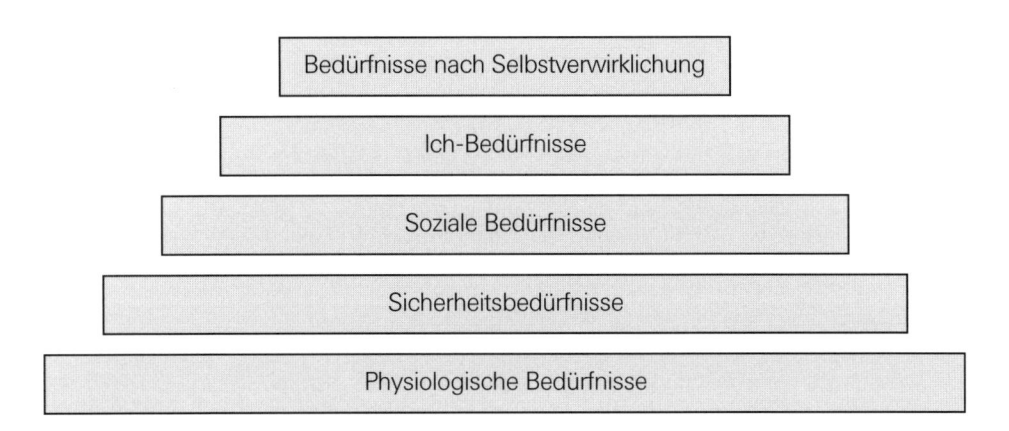

- Bedürfnisse nach Selbstverwirklichung
- Ich-Bedürfnisse
- Soziale Bedürfnisse
- Sicherheitsbedürfnisse
- Physiologische Bedürfnisse

Physiologische Bedürfnisse

Zu den physiologischen Bedürfnissen, die manchmal auch Existenzbedürfnisse genannt werden, zählen alle Grundbedürfnisse des Menschen: das Verlangen nach Nahrung, Luft, Ruhe, Schlaf, sexueller Betätigung, Aktivität usw.

Sicherheitsbedürfnisse

Mit den Sicherheitsbedürfnissen werden die Grundbedürfnisse sichergestellt. Es geht hier um die Suche nach Schutz vor Bedrohung, Beraubung, Schmerz und Angst, aber auch um den Wunsch nach Sicherheit des sozialen Besitzstandes, nach Ordnung und Stabilität und um das Bedürfnis nach Information.

Soziale Bedürfnisse

Die sozialen Bedürfnisse sind ‹Kontaktbedürfnisse› und beinhalten den Wunsch nach Freundschaft, Zuneigung, Geborgenheit und nach der Zugehörigkeit zu einer Gruppe. Anders gesagt geht es um die Furcht vor Einsamkeit und zwischenmenschlicher Ablehnung.

Ich-Bedürfnisse

Über das Bedürfnis nach zwischenmenschlichen Kontakten hinaus gehen die Anerkennungs- oder Ich-Bedürfnisse: das Streben nach Achtung und Wertschätzung, nach Status und Prestige, nach Einfluss und Erfolg, nach Wissen und Macht und nach Respektierung der eigenen Person.

Bedürfnisse nach Selbstverwirklichung

Die Bedürfnisse nach Selbstentfaltung, Selbsterfüllung bzw. Selbstverwirklichung umfassen das Streben nach Kreativität und Individualität, nach schöpferischem Tätigsein und Verwirklichung des eigenen Leistungsvermögens. Angesiedelt sind hier also auch der Wunsch, etwas Ganzheitliches zu schaffen, und die Sehnsucht, sich als besonderen Menschen zu spüren und zu entfalten.

Setzt man das Ergebnis der zu Beginn erwähnten Befragung (S.143) in Bezug zu diesen Kategorien, wird deutlich, dass für Führungskräfte offenbar die Bedürfnisse nach Selbstverwirklichung und nach Achtung (Ich-Bedürfnisse) eine stärker motivierende Kraft besitzen als die sozialen Bedürfnisse und die Bedürfnisse nach Sicherheit.

Natürlich sind die Bedürfnisse von Mensch zu Mensch verschieden und können sich im Verlauf eines Lebens stark verändern. Für Mitarbeiter, die sich noch keine sichere Existenz aufbauen konnten, können finanzielle Anreize oder die Aussicht auf eine dauerhafte Stelle wichtig sein (Sicherheitsbedürfnis). Für andere ist die Mitarbeit in einer Arbeitsgruppe, in der sie sich verstanden und geachtet fühlen, bedeutend (soziales Bedürfnis). Langjährige Mitarbeiter wiederum legen oft Wert darauf, dass ihr Wissen anerkannt wird, vielleicht deshalb, weil neue Entwicklungen jüngere Mitarbeiter erfordern, was als Bedrohung oder Arbeitsplatzgefährdung empfunden wird. Der Wunsch nach Wertschätzung steht damit im Vordergrund (Ich-Bedürfnis).

Hilfreich kann das Wissen um die Bedürfnisse vor allem bei der Motivation von Mitarbeitern sein, die bereits ‹alles› erreicht haben oder finanziell nicht mehr aufsteigen können. Hier sind besonders soziale Motivatoren wichtig: die Betonung des Status zum Beispiel oder das Vergeben von sozial anerkannten Aufgaben. So kann es beispielsweise für ältere Mitarbeiter motivierend sein, ihr Wissen an jüngere weiterzugeben.

Die unteren vier Kategorien von Maslow sind so genannte Defizitmotive, das heisst die Bedürfnisse erwachsen aus einem Mangel oder Spannungszustand (vgl. Kap. 8.1). Ein Vergleich mit dem Herzberg-Modell zeigt, dass diese vier Kategorien weitgehend den Hygienefaktoren entsprechen, während die Selbstverwirklichungsbedürfnisse (Wachstumsmotive) inhaltlich den Motivatoren gleichkommen (siehe Darstellung).

Inhaltlicher Vergleich der Theorien von Maslow und Herzberg

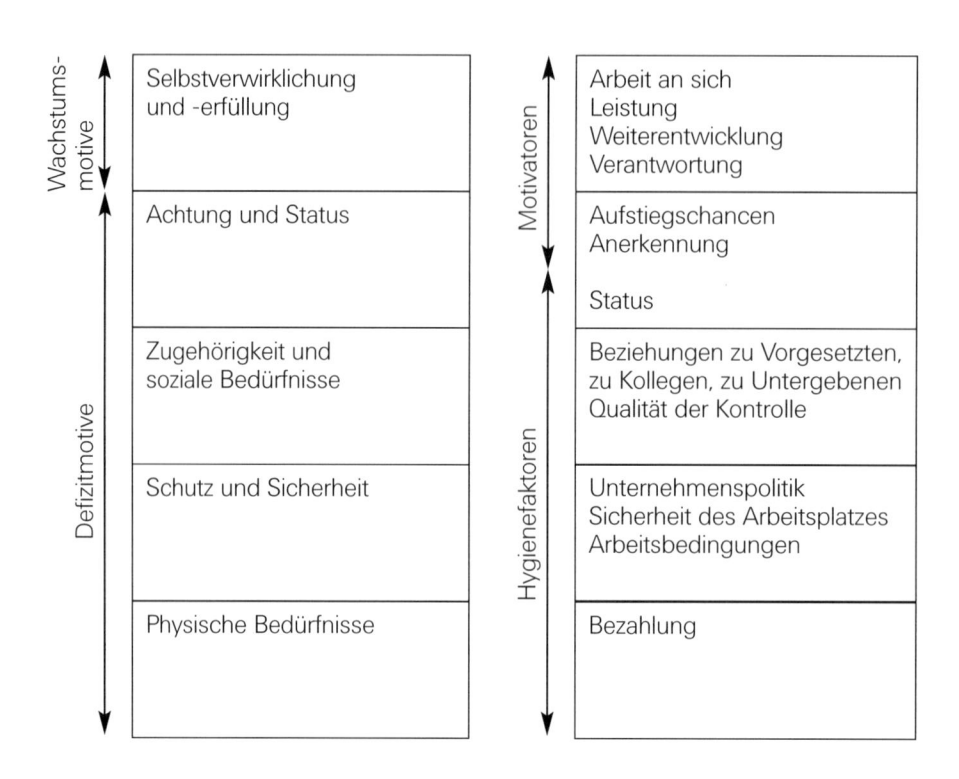

	Maslow		Herzberg
Wachstumsmotive	Selbstverwirklichung und -erfüllung	Motivatoren	Arbeit an sich Leistung Weiterentwicklung Verantwortung
Defizitmotive	Achtung und Status		Aufstiegschancen Anerkennung Status
	Zugehörigkeit und soziale Bedürfnisse	Hygienefaktoren	Beziehungen zu Vorgesetzten, zu Kollegen, zu Untergebenen Qualität der Kontrolle
	Schutz und Sicherheit		Unternehmenspolitik Sicherheit des Arbeitsplatzes Arbeitsbedingungen
	Physische Bedürfnisse		Bezahlung

8.5 Motivation ist tägliche Kleinarbeit

Ziel der Motivation ist es, die Hygienefaktoren sicherzustellen bzw. Defiziten vorzubeugen. Damit schafft man die Grundlage für die Leistungsbereitschaft, für das Interesse an der Arbeit und legt die Basis zur inneren Motivation. Zusätzlich sind selbstverständlich mit Motivatoren bzw. Wachstums- und Entwicklungsmöglichkeiten Anreize zu schaffen.

Beides geschieht meistens in kleinen, unspektakulären Massnahmen und in einem fortwährenden Prozess. Einige dieser Massnahmen seien abschliessend aufgelistet.

Soziale Bedürfnisse

Kontaktbedürfnissen wird man gerecht, indem man

sich um eine optimale Einführung neuer Mitarbeiter kümmert
Mitarbeiter zu einem Team zusammenfügt
Mitarbeitergespräche führt
Aufgaben und Kompetenzen klar regelt
Abteilungs-, Teamsitzungen organisiert
Aussenseiter integriert
personelle Konflikte löst
periodisch gemeinsam essen geht
regelmässig ausserbetriebliche Zusammenkünfte veranstaltet

Ich-Bedürfnisse

Dem Anerkennungsbedürfnis von Mitarbeitern dient es, wenn man

sie grüsst und ihnen Wertschätzung entgegenbringt
die Eigenständigkeit ihrer Persönlichkeit respektiert
Leistungen objektiv beurteilt und anerkennt
ihnen den Sinn der Arbeit klarmacht
nicht befiehlt, sondern Aufträge erteilt
sich von Mitarbeitern beraten lässt
Ziele setzt, an deren Erarbeitung der Einzelne mitgewirkt hat und die er deshalb anerkennt
Mitarbeitern für ihr Arbeitsgebiet das Mitspracherecht einräumt
richtig und offen informiert
Anforderungen stetig steigert und so den Einzelnen fordert, aber nicht überfordert
den Aufgabenkreis der Mitarbeiter erweitert
anspornt, Neues zu lernen, und dafür sorgt, dass das Neue auch angewandt werden kann
auch Arbeiten delegiert, die man selber gerne erledigen würde (z. B. Messebesuch)
schwierige Aufgaben selbstständig erledigen lässt, auch solche, bei denen der Mitarbeiter selbst kaum an einen erfolgreichen Abschluss glaubt
Mitarbeiter auch nach oben und nach aussen zur Geltung kommen lässt
Mitarbeiter so verselbständigt, dass sie beginnen, sich selber Ziele zu setzen, und sich damit – im Sinne einer dauernden Veränderung ihrer Einstellung – selbst weiter motivieren

Die Tür zur Führung

Selbstverwirklichungsbedürfnisse

Bei vielen Massnahmen in diesem Bereich handelt es sich um Steigerungen der Ich-Bedürfnisse. Zu beachten ist:

Der Mitarbeiter braucht das Gefühl, Fortschritte zu machen.
Der Mitarbeiter muss überzeugt sein, seinen Fähigkeiten entsprechend eingesetzt zu sein.
Der Mitarbeiter braucht steigende Kompetenzen und Verantwortung.
Dem Mitarbeiter müssen Freiheiten eingeräumt werden.
Der Mitarbeiter muss sich mit dem Sinn der Arbeit identifizieren können.

Wer die Leistungen seiner Mitarbeiter mittels Motivation verbessern will, muss an den individuellen Vorlieben, an den besonderen Erfahrungen, an den Stärken und Schwächen des Einzelnen interessiert sein. Ein solches ‹personenspezifisches› Wissen ermöglicht es, Arbeiten gut und motivierend zu vergeben.

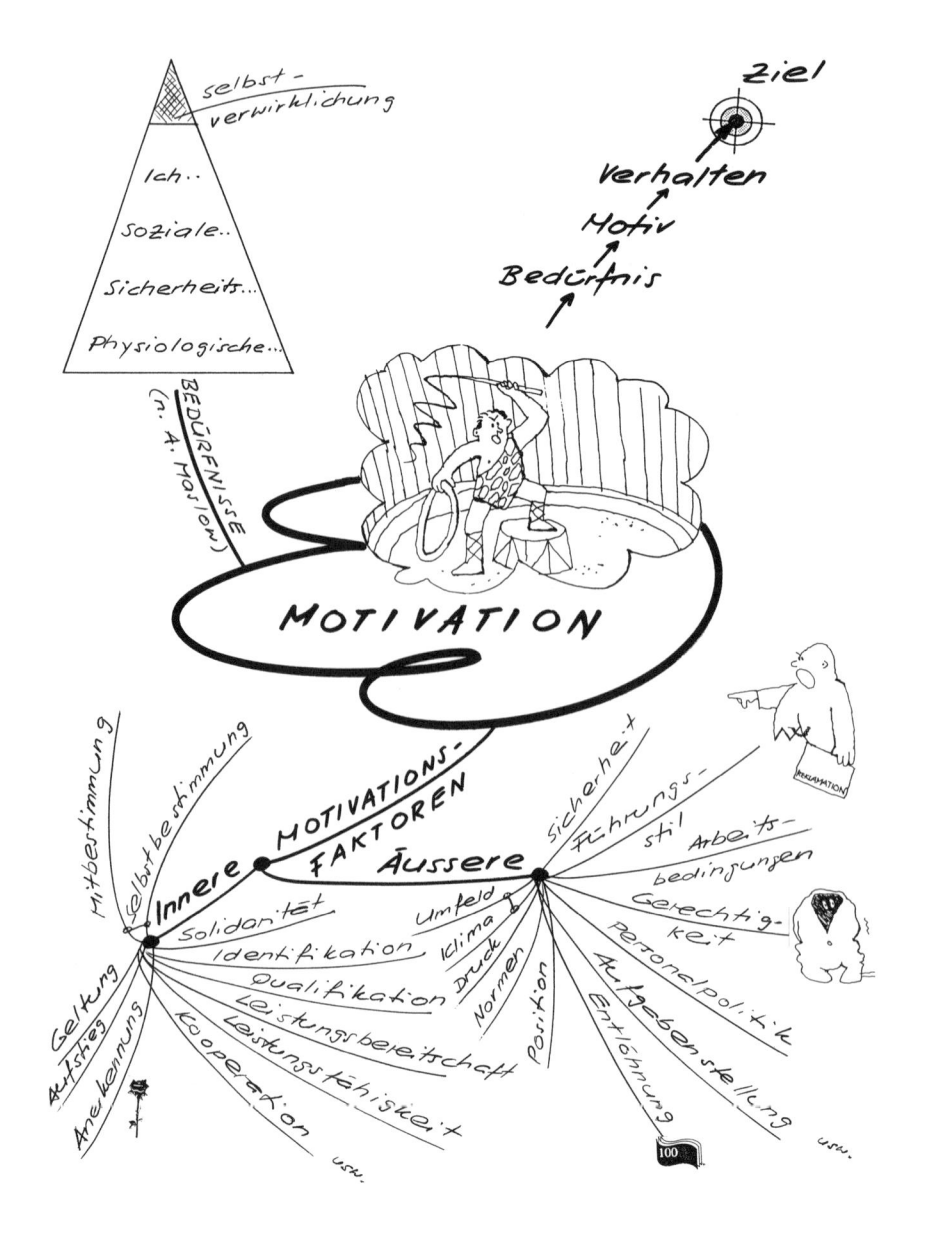

Übung: Erkennen von Bedürfnissen/Motiven

Geben Sie an, welche Bedürfnisse/Motive wahrscheinlich die Ursache für die beschriebenen Verhaltensweisen sind.

1. Essen, Trinken

2. Sucht, Geselligkeit, Geborgenheit

3. Reist wenn immer möglich mit dem Zug, dafür erste Klasse

4. Die Verwirklichung der eigenen kreativen Anlagen

5. Ist Mitglied des Vorstandes von zwei Vereinen

6. Schaltet sich ein, wenn zwei streiten, und versucht zu vermitteln

7. Sucht Schutz vor Furcht und Schmerz

8. Hat schon zweimal die firmeninterne Meisterschaft im Kegeln gewonnen

9. Hat den Wunsch nach Ordnung und Strukturen

10. Versucht zu allen Menschen freundlich zu sein

11. Sexualitätsbedürfnis

12. Informationsbedürfnis

So können Sie die Motivation Ihrer Mitarbeiter stärken

Gehen Sie auf Ihre Mitarbeiter ein.

Interessieren Sie sich für die Interessen und Motive Ihrer Mitarbeiter.

Geben Sie Ihren Mitarbeitern genug eigenen Spielraum.

Nehmen Sie neue Ideen Ihrer Mitarbeiter auf, auch wenn sie nicht 100%ig realisierbar sind. Anerkennen Sie das Positive daran.

Hören Sie zu, wenn Ihre Mitarbeiter etwas sagen, und unterbrechen Sie sie nicht.

Geben Sie klare und eindeutige (eventuell auch ausführliche) Anweisungen.

Führen Sie in regelmässigen Abständen Arbeitsbesprechungen durch.

Sehen Sie Kritik grundsätzlich als konstruktive Kritik.

Vereinbaren Sie mit Ihren Mitarbeitern Kontrollen über ihre Arbeitsausführung und führen Sie diese dann auch durch.

Versuchen Sie Ihre Mitarbeiter mehr zu loben – besser noch, ihnen mehr Anerkennung zu geben (statt sie zu kritisieren).

Geben Sie Ihren Mitarbeitern sachliche Kritik, wenn sie notwendig ist.

Bewerten Sie Arbeitsergebnisse und Diskussionsbeiträge nicht vorschnell und gefühlsmässig («Das ist doch Mist, was Sie sagen»).

Sprechen Sie mit Ihren Mitarbeitern auch mal locker über private Dinge.

Machen Sie keine Witze oder Scherze auf Kosten Ihrer Mitarbeiter.

Die Tür zur Führung

Übung: Befriedigung am Arbeitsplatz

A. Erinnern Sie sich an Situationen, in denen Sie eine grosse Befriedigung in Ihrer Tätigkeit erfuhren!

_____
_____
_____
_____
_____
_____

Überlegen Sie sich, welches die Ursachen waren, dass Sie diese Tätigkeit als Befriedigung erlebten!

_____
_____
_____
_____
_____
_____

B. Erinnern Sie sich an Situationen, in denen Sie eine grosse Unzufriedenheit in Ihrer Tätigkeit erfuhren!

_____
_____
_____
_____
_____
_____

Überlegen Sie sich, welches die Ursachen waren, dass Sie diese Tätigkeit als unbefriedigend erlebten!

_____
_____
_____
_____
_____
_____

Kapitel 9

Persönliche Zeitplanung

Der Zeitbegriff

Ein gutes Zeitmanagement schafft Lebensqualität

Die Selbstanalyse als Basis des Selbstmanagements

‹Zeitdieben› das Handwerk legen

Ziele setzen und ihre Realisierung planen

Prioritäten erkennen

9. Persönliche Zeitplanung

Jemand, der heute 40 Jahre alt ist und mit 65 Jahren in Pension geht, hat (bei 200 Arbeitstagen im Jahr) ein Zeitkapital von 5000 Tagen. Diese Zeit läuft unwiderruflich ab, sie ist nicht ersetzbar. Verlorene Zeit ist also schlimmer als verlorenes Geld. Man sollte deshalb Zeit kritischer ausgeben als Geld.

9.1 Der Zeitbegriff

Grundsätzlich unterscheidet man zwischen einem naturwissenschaftlichen (=objektiven) und einem psychologischen (=subjektiven) Zeitbegriff.

Objektiver Zeitbegriff

Nach Newton ist die Zeit eine absolute physikalische Grösse, die einen Nullpunkt hat (=Schöpfung) und seither gleichförmig von der Vergangenheit über die Gegenwart in die Zukunft fliesst (=Zeitstrom).

Subjektiver Zeitbegriff

Vom bekannten deutschen Dichter Friedrich von Schiller stammt das Wort: ‹Dreifach ist der Schritt der Zeit: zögernd kommt die Zukunft herangezogen, pfeilschnell ist das Jetzt entflogen, ewig still steht die Vergangenheit.›

Wie verschieden Zeit erlebt wird, zeigen Redewendungen wie ‹Die Zeit vergeht im Nu›, ‹Die Zeit steht still›, ‹Es bleibt keine Zeit› oder ‹Die Zeit drängt›. Auch spricht man davon, dass man Zeit ‹gewinnen›, ‹sparen›, ‹verlieren›, ‹vergeuden› oder ‹vertrödeln› kann, dass man jemandem die Zeit ‹raubt›, dass man sich die Zeit ‹vertreibt› oder sie ‹totschlägt›...

In solchen Aussagen schwingt immer eine subjektive Zeitwahrnehmung und -bewertung mit. Tatsache ist, dass die Zeit allen subjektiven Empfindungen zum Trotz gleichförmig und unerbittlich im Sekundentakt verläuft. Was liegt da näher, als die begrenzte Lebenszeit bewusst und sinnvoll zu nutzen!

9.2 Ein gutes Zeitmanagement schafft Lebensqualität

Für ein befriedigendes und erfolgreiches Leben braucht es ein Konzept: ein Lebenskonzept oder – vom hier behandelten Aspekt her gesehen – ein Zeitkonzept. Nur so können die täglich zu bewältigenden Aufgaben und Aktivitäten befriedigen, das heisst persönliche Zufriedenheit schaffen und dem eigenen Weiterkommen dienen.

Zeit und Leistung hängen unmittelbar zusammen, denn Leistung definiert man gemeinhin als Arbeit pro Zeiteinheit. Die beiden Grössen in den Griff zu bekommen ist Ziel des Zeitmanagements. Anders gesagt geht es darum, die eigene Zeit und Arbeit zu beherrschen, statt sich von ihnen beherrschen zu lassen.

Keine Zeit zu haben gilt zwar vielfach noch als Statussymbol, ebenso wie möglichst viel und lange zu arbeiten. Prestigehaltungen dieser Art sollte man jedoch nicht aufsitzen. Denn:

Ein gutes Zeitmanagement ermöglicht es,

mehr Übersicht über die anstehenden Aktivitäten und Prioritäten zu gewinnen

mehr Freiraum für Kreativität zu erhalten (agieren statt reagieren)

Stress bewusst zu bewältigen, abzubauen und zu vermeiden

mehr Freizeit, das heisst mehr Zeit für Familie, Freunde und sich selbst zu gewinnen

Ziele systematisch zu erreichen und so dem Leben Sinn und Richtung zu geben

Mit einer gekonnten Zeitplanung verbessert man seine Lebensqualität. Voraussetzung dazu ist eine kritische Selbstanalyse.

9.3 Die Selbstanalyse als Basis des Selbstmanagements

Wer seinem ‹Zeitverhalten› auf die Schliche kommen will, muss seine Aktivitäten und Gewohnheiten detailliert durchleuchten und sich dabei fragen: Wer oder was braucht meine Zeit?

Auf den Arbeitsbereich bezogen, stellen sich Fragen wie

Welche Tätigkeiten, Verpflichtungen und Kontakte gehören zur meiner jetzigen Aufgabe?

Welche Stärken und Schwächen habe ich?

Was tue ich konkret? (tägliche Zeit- und Tätigkeitsanalyse)

Welche meiner täglichen Arbeiten sind selbstbestimmt und welche fremdbestimmt?

Welche Störungen treten auf?

Welche delegierbaren oder automatisierbaren Routinearbeiten fallen an?

Wo kommt es zu Stress oder Belastungen?

Die Tür zur Führung

Eine gründliche Analyse der eigenen Arbeitsgewohnheiten und -techniken braucht Zeit, führt aber letztlich zu Effektivität (= das Richtige tun) und zu Effizienz (= es richtig tun).

Anregungen zur Selbstanalyse liefern die Tests am Ende dieses Kapitels, wo auch Tipps und Raster zur Zeitplanung zu finden sind.

> **Zeit hat man nie,**
> **es sei denn, man nimmt sie sich.**
> **P. Rosegger**

Erkannte Verbesserungsmöglichkeiten sollte man unverzüglich verwirklichen – gewissermassen nach dem Motto: ‹Heute ist der erste Tag vom Rest meines Lebens.›

Bei sich selber zu beginnen, das heisst sich selber zu managen, bringt unmittelbaren Erfolg und ist insofern einfach, als man nicht andere von den zu treffenden Massnahmen überzeugen muss: Die eigene Erkenntnis und Überzeugung reicht hier aus. Dabei führen manchmal schon kleine, unscheinbare Massnahmen zu einem besseren Selbstmanagement und damit zu einem Zeitgewinn; denn oftmals steckt auch hier sprichwörtlich der Teufel im Detail.

Vorteile des Selbstmanagements

Aufgabenerledigung mit weniger Aufwand und weniger Fehlern

bessere Arbeitsergebnisse

bessere Organisation der eigenen Tätigkeiten

geringerer Arbeits- und Leistungsdruck

weniger Hektik und Stress

höhere Arbeitsmotivation

grössere Zufriedenheit

Qualifikation für höhere Aufgaben

besseres Erreichen der Privat- und Berufsziele

9.4 ‹Zeitdieben› das Handwerk legen

Es gibt eine ganze Reihe von Fakten, die Zeit ‹stehlen›, zum Beispiel häufige Telefonanrufe, wiederholte Rückfragen nach einer Auftragserteilung, unerwartete Mitarbeitergespräche, unvorhergesehene Sitzungen usw.

Zeitraubend sind solche Vorkommnisse besonders deshalb, weil sie ein kontinuierliches, konzentriertes Arbeiten verunmöglichen und weil man sich nach jedem Unterbruch wieder in seine Arbeit eindenken muss. Das führt im Extremfall zum so genannten Sägeblatt-Effekt, der erhebliche Zeitverluste (bis zu 30%) zur Folge haben kann.

Der Sägeblatt-Effekt

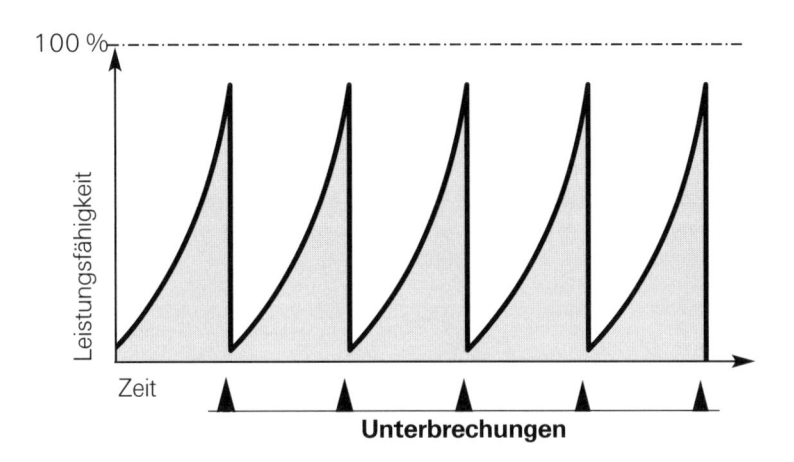

Zeitverlusten dieser Art kann man begegnen, indem man fixe Sperrzeiten einrichtet, die ein ungestörtes Arbeiten erlauben. Idealerweise decken sich diese Sperrzeiten mit ohnehin störungsarmen Zeiten, die man mit Hilfe von Tätigkeitsprotokollen ermitteln kann. Sind störungsarme Zeiten nicht auszumachen, bedeutet dies nicht, die Mittagszeit oder den Feierabend als Sperrzeiten einzusetzen. Vielmehr lautet dann das Ziel: ‹Termine mit sich selbst vereinbaren› und diese Termine (wie andere Termine) für ein ungestörtes Arbeiten zu nutzen.

Der Sägeblatt-Effekt kann auch selbst verursacht sein, beispielsweise infolge

mangelhafter, ungenügender Informationen

einer unzureichenden Übersicht über laufende Aktivitäten

einer ungenügenden Arbeitsorganisation und -koordination

unübersichtlicher, ‹verzettelter› Ablagesysteme usw.

Nicht nur äussere, situativ oder organisatorisch bedingte Zeitdiebe sind ‹dingfest› zu machen. Auch ‹innere Zeitdiebe› sind aufzuspüren. Zu ihnen zählt etwa ein übertriebener Perfektionismus oder der Drang, alles selber zu machen oder möglichst vieles gleichzeitig zu erledigen.

Auch das Aufschieben von (unangenehmen) Aufgaben, das Nicht-nein-sagen-Können, ein planloses Arbeiten, fehlende Zielsetzungen, mangelnde Selbstdisziplin und anderes mehr gehen oft auf Kosten der Zeit.

9.5 Ziele setzen und ihre Realisierung planen

Zielsetzungen sind das Fundament jeder Planung und jeder Tätigkeit. Sie tragen dazu bei, auch in der Hektik des Alltags den Überblick zu bewahren und die richtigen Akzente zu setzen, selbst wenn man improvisieren muss.

Bei der Zielsetzung gelten vor allem folgende Regeln:

sich nicht zu viel vornehmen (realistische und realisierbare Ziele setzen)

Prioritäten setzen (Haupt- und Nebenziele definieren)

Konflikte vermeiden (unvereinbare Ziele ausklammern)

Kontrolle gewährleisten (konkrete, kontrollierbare Ziele setzen)

Was für die Zielsetzung gilt, ist auch für die Planung gültig. Zu berücksichtigen ist vor allem der erstgenannte Punkt: Zu hoch gesteckte Ziele wie auch zu knapp bemessene Realisierungszeiten führen zu Enttäuschungen. Bei der Zeitplanung sind immer spontane, unvorhersehbare Arbeiten oder Vorkommnisse einzubeziehen; denn planbar und kalkulierbar ist zwar vieles, aber nicht alles. Deshalb ist es wichtig, Reserven bzw. Pufferzonen einzubauen. Erfahrungswerte zeigen, dass nur etwa 60 % der verfügbaren Zeit geplant werden können; die restlichen 40 % sind für Unvorhergesehenes offen zu halten. Natürlich kann diese Verteilung im Einzelfall völlig anders sein.

Ziel- und Zeitplanungen sollten schriftlich erfolgen, sodass überprüfbare Listen vorliegen. Diese stellen eine wertvolle Orientierungshilfe dar und dienen zugleich als persönliches Kontrollinstrument.

Der Mehraufwand für eine sorgfältige Zeiteinteilung bzw. -planung bedeutet Zeitgewinn. Wer täglich 8 Minuten aufbringt, um seinen Arbeitstag zu gestalten, und ihn so konsequent in Angriff nimmt, gewinnt eine Stunde für wesentliche, wichtige Aufgaben. Die in der nachfolgenden Grafik dargestellten Zeitaufwendungen haben sich in der Praxis bewahrheitet.

Zeit für Planung	Zeit für die Durchführung der Aufgaben	

← gesamter Zeitaufwand →

Zeit für Planung	Zeit für die Durchführung der Aufgaben	Zeitgewinn

Noch ein weiterer Aspekt verdient Beachtung: Der italienische Volkswirtschafter und Soziologe Vilfredo Marquis Pareto (1848–1923) hat in Untersuchungen ermittelt, dass 20 % der Bevölkerung über 80 % des Volkseinkommens verfügen – eine Verteilung, die auch anderweitig zu beobachten ist:

20 % der Kunden bringen 80 % des Umsatzes
20 % der Sitzungszeiten bewirken 80 % der Beschlüsse
20 % der Mitarbeiter haben 80 % der Probleme

Auf die Zeitplanung bezogen, bedeutet dies, dass oft 20 % der Zeit ausreichen, um 80 % der Arbeitsziele zu erreichen.

Das Pareto-Prinzip

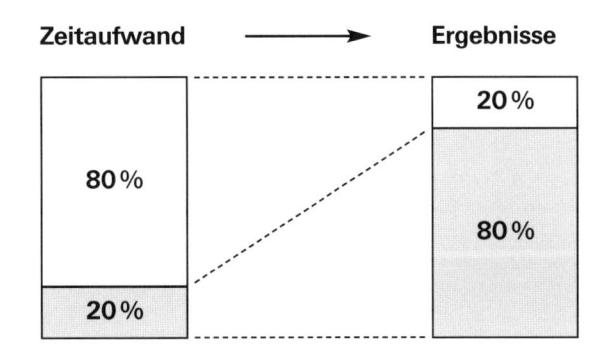

Zeitaufwand ⟶ Ergebnisse

80 % / 20 % → 20 % / 80 %

Bei der Zieldefinition wie bei der Zeitplanung sind demnach die 20:80 %-Erfolgverursacher zu finden. Nicht die leichtesten, interessantesten, wenig Zeit beanspruchenden Aufgaben sollen im Vordergrund stehen, sondern die wichtigen, bedeutenden. Mit anderen Worten: Die Ziele respektive Aufgaben sind nach ihrem Inhalt zu gewichten.

9.6 Prioritäten erkennen

Prioritäten setzen heisst, darüber zu entscheiden, welche Aufgabe erstrangig, welche zweitrangig und welche nachrangig zu behandeln ist. Dazu kann die ABC-Analyse eingesetzt werden, die alle Aufgaben nach ihrer Wichtigkeit in A-, B- und C-Klassen ordnet und ihre Anteile am Gesamtwert misst.

Dabei zeigt sich, dass der Zeitaufwand, den die einzelnen Aufgabenklassen beanspruchen, nicht durchwegs mit ihrem Wertanteil übereinstimmt. Bei der Zeitplanung ist daher zu überlegen, welche Arbeiten den grössten ‹Ertrag› bringen.

Die ABC-Analyse

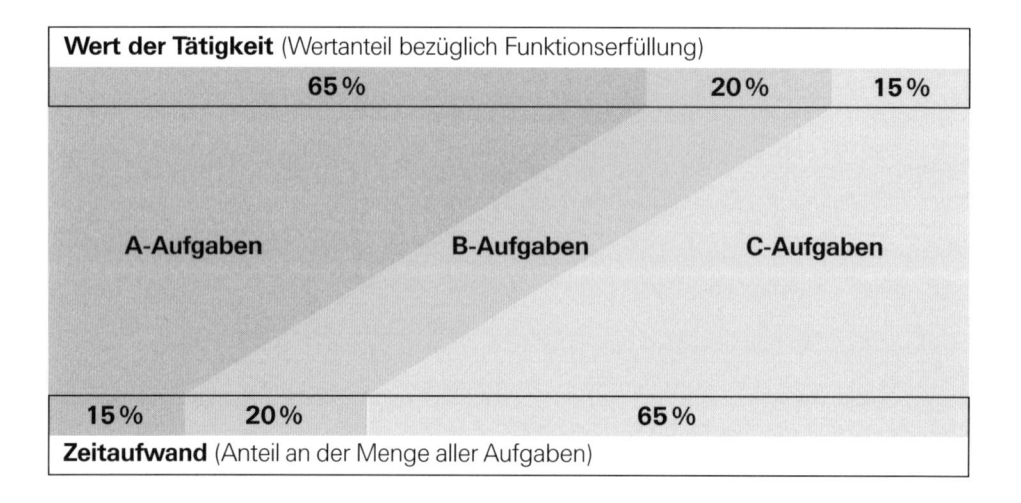

Wert der Tätigkeit (Wertanteil bezüglich Funktionserfüllung)		
65 %	20 %	15 %
A-Aufgaben	B-Aufgaben	C-Aufgaben
15 % 20 %		65 %
Zeitaufwand (Anteil an der Menge aller Aufgaben)		

A-Aufgaben beinhalten die wichtigsten Tätigkeiten. Sie sind nicht delegierbar und für die Führungsfunktion von grösster Bedeutung. Obwohl sie nur einen geringen Teil der Gesamttätigkeit ausmachen (15 %), haben sie einen hohen Anteil am Wert hinsichtlich der Zielerreichung und Effizienz (65 %).

B-Aufgaben sind wichtige, nur teilweise delegierbare Aufgaben. Ihr Zeitbedarf (20 %) deckt sich weitgehend mit dem Anteil am Wert aller Aufgaben, die zur Führungsfunktion gehören.

C-Aufgaben sind für die Führungstätigkeit von geringem Wert (15 %), bedingen aber einen hohen Zeitaufwand (65 %). Es handelt sich um ‹Papierkram›, um Telefonate – kurz: um eigentliche Routineaufgaben.

Für ein erfolgreiches Zeitmanagement sind eine Klassifizierung der geplanten Tätigkeiten, eine richtige Rangordnung sowie Abfolge der Aufgaben wichtig.

> **Bei der Arbeitsplanung soll man sich**
> **auf das Wesentliche konzentrieren**
> **und den Mut haben,**
> **Unwesentliches zu vernachlässigen.**

Das ‹Eisenhower-Prinzip›

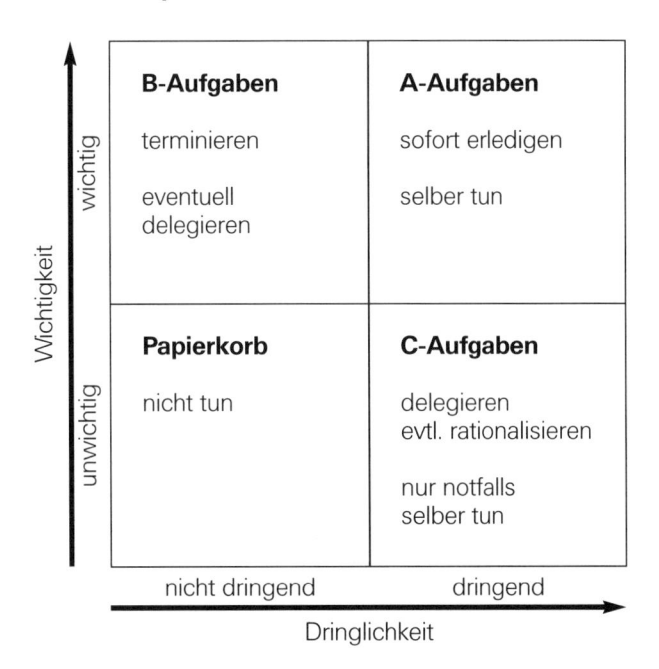

	B-Aufgaben	**A-Aufgaben**
wichtig	terminieren	sofort erledigen
	eventuell delegieren	selber tun
unwichtig	**Papierkorb**	**C-Aufgaben**
	nicht tun	delegieren evtl. rationalisieren
		nur notfalls selber tun
	nicht dringend	dringend

Wichtigkeit (y-Achse) / Dringlichkeit (x-Achse)

Dwight D. Eisenhower hat einen Raster entwickelt, der nicht nur die Wichtigkeit bestimmter Aufgaben, sondern zusätzlich ihre Dringlichkeit beachtet. Sein Prinzip (vgl. Abbildung) erleichtert das Setzen von Prioritäten. Im C-Bereich finden sich oft Delegations- und auch Rationalisierungsmöglichkeiten, die beachtliche Zeiteinsparungen bewirken.

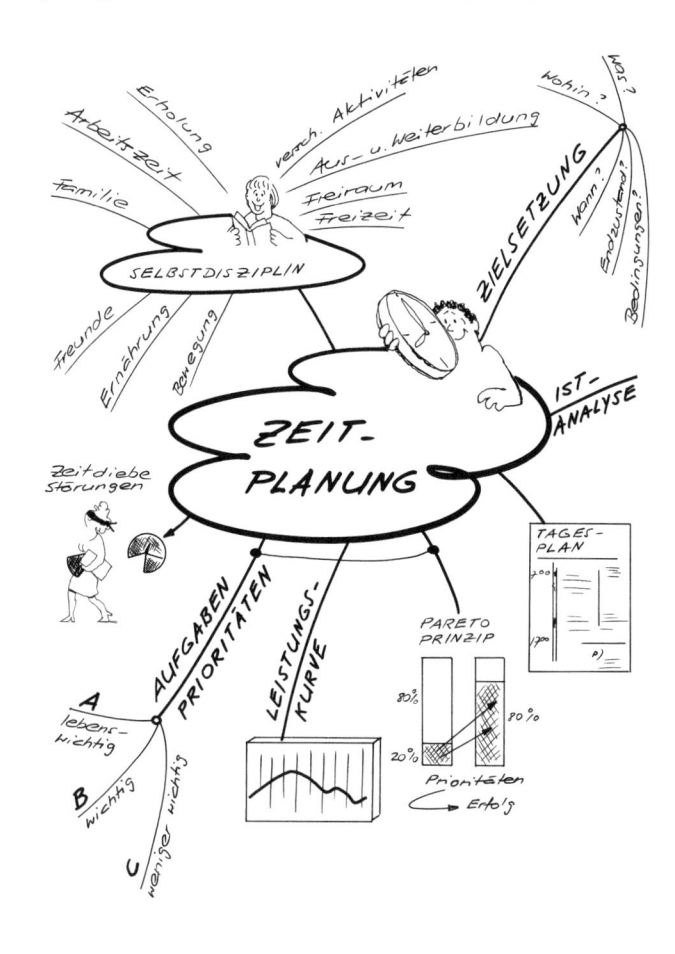

Test: Beherrschen Sie Ihre Zeit?

Welche der nachfolgenden Aussagen treffen auf Sie zu?

	Ja	Nein
1. Ich fühle mich eigentlich ständig unter Zeitdruck.	☐	☐
2. Obwohl ich den ganzen Tag beschäftigt bin, bleibt vieles unerledigt.	☐	☐
3. Ich habe oft am Abend das Gefühl, dass ich gerade für die wichtigen Dinge keine Zeit gefunden habe.	☐	☐
4. Ich habe oft meiner Familie gegenüber ein schlechtes Gewissen, weil ich zu wenig Zeit für sie habe.	☐	☐
5. Ich schlafe oft schlecht, weil ich an unerledigte Dinge denke.	☐	☐
6. Ich wünschte, der Tag hätte einige Stunden mehr.	☐	☐
7. Für mich selbst bleibt eigentlich nie Zeit.	☐	☐
8. Ich habe oft das Gefühl, dass alles an mir hängen bleibt.	☐	☐
9. Ich weiss nicht, wie ich die verschiedenen Verpflichtungen unter einen Hut bringen soll.	☐	☐
10. Pausen kann ich mir bei meiner Arbeit nicht leisten.	☐	☐
11. Es fällt mir schwer, mich zu entspannen.	☐	☐
12. Ich schlafe zu wenig.	☐	☐
13. Ich nehme häufig Schlaftabletten.	☐	☐
14. Ich arbeite häufig nachts.	☐	☐
15. Meine Arbeitszeiten sind sehr unregelmässig.	☐	☐
16. Ich bitte oft um Entschuldigung, weil ich Termine nicht eingehalten habe.	☐	☐
17. Ich lasse alles auf mich zukommen.	☐	☐
18. Ich verabscheue alle Pläne, weil ich frei bleiben will.	☐	☐
19. Ich komme zu den meisten Verabredungen zu spät.	☐	☐
20. Ich kann am besten unter Zeitdruck arbeiten.	☐	☐
21. Ich kann schlecht nein sagen.	☐	☐
22. Ich habe gerne ein volles Programm.	☐	☐
23. Ich könnte mir ein Leben ohne Arbeit nicht vorstellen.	☐	☐
24. Ich fange viele Dinge an, die ich dann nicht weiterführen kann.	☐	☐
25. Ich kann selten lange bei einer Tätigkeit bleiben.	☐	☐
26. Ich unterschätze oft, wie viel Zeit mich manche Tätigkeit kostet.	☐	☐

Testauswertung

Bei welchen Aussagen haben Sie am häufigsten mit Ja geantwortet?

Aussagen 1. bis 9.

Sie fühlen sich überlastet, mit mehr Arbeiten und Aufgaben eingedeckt, als Sie erledigen können. Überlegen Sie, welche Bereiche für Sie wichtig sind und wer Ihnen, eventuell nach genauer Absprache, Aufgaben abnehmen könnte.

Sind Ihnen die Prioritäten klar ersichtlich?

Kennen Sie die wichtigsten Planungsmittel?

Aussagen 10. bis 15.

In Ihrem Tagesablauf bleibt Ihr Körperrhythmus weitgehend unberücksichtigt, was zu zusätzlichen Belastungen führt.

Haben Sie eine Arbeitskonzeption?

Wie organisieren Sie sich selbst?

Kennen Sie Ihre Leistungskurve?

Aussagen 16. bis 26.

Sie verzichten weitgehend auf eine Planung, was zur Folge hat, dass Sie nicht von Ihren eigenen Prioritäten ausgehen, sondern von aussen bestimmt werden.

Sie fragen sich sicher öfters:

Was habe ich heute eigentlich geleistet?
Was habe ich für meine persönlichen Bedürfnisse wirklich getan?

Setzen Sie sich nicht zu viele Ziele. Ein Sprichwort sagt: ‹Wer zwei Hasen jagt, fängt meistens keinen.›

Überdenken Sie Ihre Situation und überlegen Sie, wie Sie Ihre Zeit in den Griff bekommen.

Wenn in allen Abschnitten die Nein-Antworten überwiegen, dann haben Sie eine gute Beziehung zur Zeit. Sie können Ihre Prioritäten klar erkennen und dementsprechend Ziele setzen und eigene Wünsche erfüllen.

Die Tür zur Führung

Stress- und Belastungstest

Vergleichen Sie Ihre Situation mit den folgenden Aussagen und kreuzen Sie das Zutreffende spontan an.

	ja meistens	zum Teil manchmal	nein selten
1. Ich ärgere mich, wenn ich warten muss.	☐	☐	☐
2. Ich nehme oft Arbeit mit nach Hause.	☐	☐	☐
3. Ich rauche mehr als 10 Zigaretten pro Tag.	☐	☐	☐
4. Ich trinke täglich Alkohol.	☐	☐	☐
5. Ich habe mehr als 10 kg Übergewicht.	☐	☐	☐
6. Ich treibe keinerlei Sport.	☐	☐	☐
7. Ich werde oft von verschiedenen Seiten gefordert.	☐	☐	☐
8. Ich mache nie eine richtige Pause.	☐	☐	☐
9. Ich werde häufig gestört (Besucher, Telefon, Lärm usw.)	☐	☐	☐
10. Nach beruflichem Ärger habe ich Bauchschmerzen.	☐	☐	☐
11. Wenn ich etwas richtig erledigt haben will, muss ich es selbst machen.	☐	☐	☐
12. Meine Mitarbeiter sind zu wenig qualifiziert.	☐	☐	☐
13. Wenn ich ein paar Tage nicht am Arbeitsplatz bin, habe ich danach den Tisch voll Papier.	☐	☐	☐
14. Ich mache häufig Überstunden.	☐	☐	☐
15. Bei Problemen erwache ich nachts und kann dann nicht mehr einschlafen.	☐	☐	☐
16. Ich habe oft das Gefühl, dass mir die Arbeit über den Kopf wächst.	☐	☐	☐
Anzahl der Kreuze:			

Wenn Sie in der ersten Kolonne (‹ja/meistens›) mehr als fünf bis acht Kreuze haben, sind Sie überlastet und gesundheitlich gefährdet.

Nehmen Sie sich Zeit, Ihre persönliche Arbeitstechnik, Ihre Werte und Ihre Position zu überdenken. Berücksichtigen Sie dabei Beruf und Privatleben, Geist und Körper!

Die Tür zur Führung

Zielsetzung

Datum: _____   Visum: _____

Ziel Nr.	Ziele/Teilziele Was will ich bis wann erreichen?	Termin Soll	Ist	Bemerkungen

Tipps zur Prioritätensetzung

Wenn	Dann
Ihnen die Stunden unter der Hand zerrinnen	Tagesplanung, Zeitprotokoll (Ist-Analyse)
andere Ihnen zu sehr das Geschehen aufzwingen	störungsfreie Zonen ermitteln und schaffen (nein sagen)
A-Tätigkeiten liegen bleiben, weil sich C-Aktivitäten häufen	Tagesplanung, Delegieren (nach Möglichkeit) oder Streichen von C-Aktivitäten
Prioritäten nicht klar ersichtlich sind	Ziele, Schwerpunkte setzen
Ihnen das Wissen zur Tages-, Wochen- oder Jahresplanung fehlt	gezielte Weiterbildungsmassnahmen, Kurse besuchen
Mitarbeiter nicht motiviert sind und keine Initiative entfalten	gemeinsame Zielvereinbarung, Störungsanalyse, Erfolgskontrolle
Hektik, Stress, Chaos die Leistungs- und Lebenskraft zerstören	Situationsanalyse, Pausen einlegen, ABC-Analyse, Berater, Ferien machen
Arbeiten sehr viel Zeit beanspruchen	Methodik überprüfen (Ist weniger mehr?)
Nur A-Tätigkeiten auf Sie einstürmen und einfach nicht zu schaffen sind	Was wäre, wenn Sie morgen krank wären?

Berücksichtigen Sie Ihre Leistungsfähigkeit

Versuchen Sie anhand der vorliegenden Durchschnittsleistungskurve, Ihre persönlichen ‹Schwankungen› (aufgrund Ihrer Erfahrung) mit einem Rotstift einzuzeichnen.

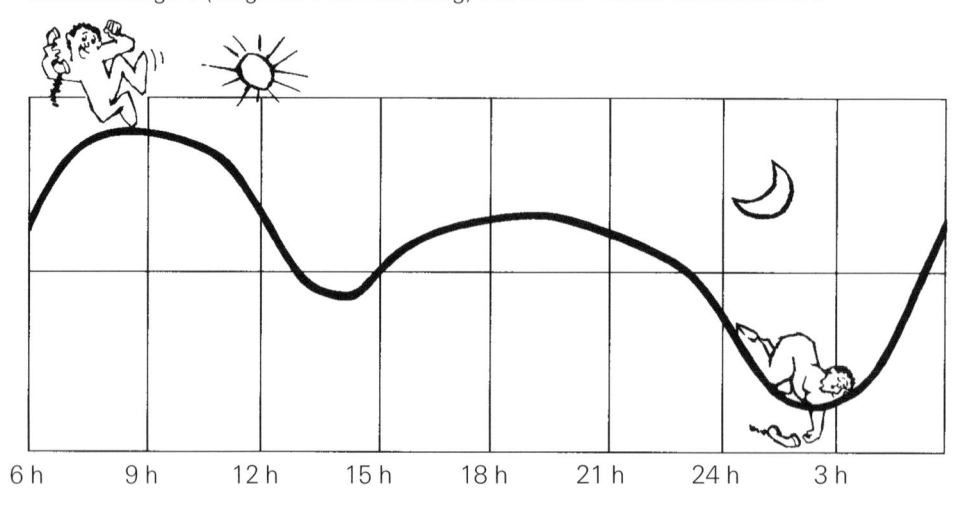

Die abgebildete Kurve basiert auf Befragungen von Seminarteilnehmern. Je nach Schlafzeiten, Ermüdung, Ess- und Trinkverhalten und allgemeiner Arbeitsmotivation ergeben sich individuelle Abweichungen.

Die Tür zur Führung

Tagesplan

Datum: _____

	zeitgebunden (Termine)	o.k.	zeitunabhängig (Kontakte, Aufgaben)	o.k.
06.00				
07.00				
08.00				
09.00				
10.00				
11.00				
12.00				
13.00				
14.00				
15.00				
16.00				
17.00				
18.00				
19.00				
20.00				
21.00				
22.00				
23.00				

Tagesbilanz:

☐ Ziele erreicht   ☐ teilweise erreicht   ☐ nicht erreicht

Massnahmen:

_____
_____
_____

Kapitel 10

Planungsinstrumente und Arbeitsplatzgestaltung

Hilfsmittel zur Zeitplanung

Ergonomie am Arbeitsplatz

Die Tür zur Führung

10. Planungsinstrumente und Arbeitsplatzgestaltung

Für ein erfolgreiches Arbeiten sind die Gestaltung und Organisation des Arbeitsplatzes sowie der Einsatz von Hilfsmitteln von Bedeutung. Ein zweckmässig eingerichteter, ruhiger und angenehmer Arbeitsplatz wirkt sich positiv auf die Motivation und die Leistung aus – oft wohl, ohne dass dies bewusst wird. Deshalb sollen hier abschliessend einige Hinweise zur Gestaltung des Arbeitsplatzes und seiner Umgebung gegeben werden. Zur Sprache kommt auch der Einsatz möglicher Ablagesysteme und Hilfsmittel.

10.1 Hilfsmittel zur Zeitplanung

Funktionelle Planungsinstrumente sind für Führungskräfte unentbehrlich. Eine gewöhnliche Agenda reicht hier nicht mehr aus; denn nebst Terminen sind ja auch Zielsetzungen, Aktivitätenlisten mit Prioritäten, Delegationen, Pendenzen usw. festzuhalten.

In Betracht kommen zwei Arten von Hilfsmitteln:

Zeitplansysteme (manuelle Hilfsmittel)

Zeitplanungsprogramme (elektronische Hilfsmittel)

10.1.1 Zeitplansysteme

Ein Zeitplansystem ermöglicht ein konsequentes und flexibles Planen, weil der Terminkalender mit einer Reihe ergänzbarer und austauschbarer Ringblätter erweitert ist und damit sowohl für Transparenz bei Ziel-, Aufgaben- und Projektdefinitionen sorgt als auch gezielte Erledigungskontrollen erlaubt.

Im Handel sind an die 50 Zeitplansysteme erhältlich. Sie sind teilweise auf einzelne Ziel- und Berufsgruppen abgestimmt, umfassen aber in der Regel folgende drei Registerteile:

Aufgabenregister

Neben Aktivitätenlisten (Projekt- und Besprechungspläne mit Checklisten usw.) sind hier Terminlisten (Tages-, Wochen-, Monats- und Jahrespläne mit Terminzeichen sowie Projekt- bzw. Netzpläne usw.) untergebracht.

Datenbankregister

Im diesem ‹Databank-Teil› können Memos, Fachinformationen usw. gegliedert festgehalten werden.

Informationsregister

Der Info-Teil enthält allgemeine Informationen (geografische Karten, Messetermine usw.) und persönliche Informationen (Telefon- und Adressverzeichnis, Formulare für Spesen und Blätter für Ideen, Notizen usw.).

Die Tür zur Führung

10.1.2 Zeitplanungsprogramme

Zunehmend kommen elektronische Zeitplan-Tools zum Einsatz. Sie unterstützen oder ergänzen die manuelle Planung oder ersetzen sie sogar. Auch hier gibt es eine Fülle von Angeboten. Grundsätzlich lassen sich drei Typen unterscheiden, die meistens kombinierbar sind:

Personal-Information-Management-Programme (PIM-Software)

Auf Personalcomputern installierte PIM-Programme verbinden die Zeitplanung mit einem persönlichen Projektmanagement. Alle Daten lassen sich nach Aufgaben, Personen und Terminen strukturieren, was besonders bei vernetzten EDV-Anlagen respektive bei Teamarbeiten zweckdienlich ist.

PIM-Systeme bieten zahlreiche Vorteile. So lassen sich beispielsweise

Termine, Aufgaben, Personen den vorhandenen Projekten zuordnen
Ziele konsequent verfolgen und auf ihre zeitgerechte Einhaltung hin kontrollieren
neue Termine auf Überschneidungen oder Doppeleinträge hin prüfen
unerledigte Aufgaben automatisch auf den Folgetag übertragen

Elektronische Kleinrechner (Electronic Organizer)

Electronic Organizer sind handliche ‹Taschenrechner› für das Informationsmanagement. Sie ermöglichen das Speichern von Adressen und Telefonnummern, Terminen, Notizen usw. und gestatten es dem Benutzer, sich akustisch an Termine erinnern zu lassen. Meistens lassen sich die Organizer an den PC anschliessen, was weitere Datenverarbeitungen zulässt.

Persönliche Digital-Assistenten (Personal Digital Assistants)

PDA-Geräte sind tragbare, mobile Notepads mit einem kleinen Bildschirm, über den man das Programm mit einem Spezialstift bedient. Die Geräte erkennen die persönliche Handschrift und setzen sie in Druckschrift um. PDA-Informationen können über Telefon, Fax und PC übermittelt bzw. empfangen werden. Das Gerät kann Adressen, Termine und Notizen speichern und verwalten und verfügt über einen raffinierten Kommunikationsassistenten.

Der Einsatz all dieser elektronischen Planer setzt nicht nur voraus, dass man die Hilfsmittel bedienen, sondern sie auch nutzbringend einsetzen kann.

10.2 Ergonomie am Arbeitsplatz

Die Ergonomie (aus dem Griechischen: ergon = Arbeit und nomos = Gesetz) befasst sich mit der Ermittlung allgemein gültiger, nachprüfbarer Gesetze als Grundlage einer menschenbezogenen Arbeitsgestaltung. Sie schafft damit die Voraussetzung für eine Anpassung der Arbeit an den Menschen und umgekehrt des Menschen an die Arbeit.

Ein den Aufgaben entsprechend gestalteter Arbeitsplatz wirkt einladend und motivierend und trägt dazu bei, die Leistungsfähigkeit zu erhöhen.

Der Arbeitsplatz sollte so gestaltet sein, dass man alle wichtigen Informationen gut erkennt und alle Tätigkeiten ohne Zwangshaltung ausführen kann.

Der ideale Arbeitsplatz sollte

der natürlichen Würde des Menschen angemessen sein
zweckmässig und gemütlich eingerichtet sein
nicht mit zu viel Material (Büchern, Heften, Ordnern usw.) beladen sein
Schubladen für Hängeregister enthalten
verstellbare Sitzgelegenheiten haben
einen ebenen und fusswarmen Boden aufweisen

Ein funktionaler Bürostuhl gewährleistet gemäss SUVA (Abteilung Arbeitssicherheit in Luzern) nicht nur eine zweckdienliche Sitzposition, sondern entlastet auch die Rückenmuskulatur und die Bandscheiben. Bewährt haben sich Rollendrehstühle mit guter Standfestigkeit. Die Rückenlehne soll etwa 50 cm über die Sitzfläche hinausragen. Von Vorteil ist es, wenn die Rücklehne dynamisch, also neigbar ist und sich den Sitzpositionen anpasst.

10.2.1 Die Organisation des Arbeitsplatzes

Ordnung auf dem Schreibtisch und ein schneller Zugriff auf die jeweils benötigten Unterlagen erhalten einen immer höheren Stellenwert.

Der Schreibtisch muss rationell und dennoch geschmackvoll eingerichtet sein. An den Arbeitsplatz gehören alle für die Tätigkeit benötigten Hilfsmittel.

Zugriff zu benötigten bestimmten Unterlagen zu haben bedeutet:

Schubladen/Hängeregistraturen einsetzen

nach Arbeitsschluss immer (!) den Schreibtisch aufräumen

nur so viel wie notwendig behalten – der Rest gehört in den Papierkorb

was nicht benötigt wird, liegt nicht auf dem Schreibtisch

Einige Tipps zur besseren Zielerreichung:

Kriterien	Vorteile	Nachteile
Ordner	mit Register gute Gliederung	braucht viel Platz
Hängemappen	flexibel, weniger Platzbedarf	Gefahr des Durcheinanders
Kartei	keine Zettelwirtschaft	keine Aktenablage arbeitsintensiv
Organisationsmappen	Kombination von Kartei und Hängemappen	fasst meistens maximal zirka 20 Blätter
Aktenbehälter	Ordnung auf dem Tisch geringer Aufwand	Gefahr der Papierflut, dauernde Papiersuche
Personalcomputer	Platz, Speicher, schnelle Zugriffsmöglichkeiten, Listenausdruck usw.	Investition, ohne Drucker keine ‹Akten›

10.2.2 Die Gestaltung der Arbeitsumgebung

Die persönliche Arbeitsumgebung wirkt sich auf die Leistung und das Wohlbefinden aus. Elemente wie Raumtemperatur, Beleuchtung, Lärm, Pflanzen, farbliche Gestaltung usw. verdienen daher Beachtung.

Beleuchtung

Eine häufige und sehr oft unbekannte Ursache von Ermüdungserscheinungen und Krankheitsformen liegt in den Augen- und Sehnerven. Dazu zählen

Hornhautverkrümmungen

Hornhauttrübungen

unkorrigierte Kurz- oder Weitsichtigkeit

Eine Augenermüdung, wie sie unter anderem durch ungenügende Beleuchtung oder durch flimmernde Leuchtstoffröhren auftritt, kann folgende Auswirkungen haben:

Kopfschmerzen

Brennen und Tränenfluss

Rötung der Lider und der Liderhaut

Unbehaglichkeit

Abnahme der Sehschärfe

Die Beleuchtung im Arbeitsraum bzw. am Arbeitsplatz sollte folgenden Anforderungen genügen:

gleichmässige Leuchtdichteverteilung

ausreichende horizontale Beleuchtungsstärke

ab zirka 300 bis 1500 lx = Lux (je nach Alter)

Blendfreiheit

ausreichende Farbwiedergabe

günstiger Lichteinfallswinkel

Flimmerfreiheit

hoher Wirkungsgrad der verwendeten Lampen und Leuchten

Raumklima

Der menschliche Körper braucht für ein störungsfreies Funktionieren eine Temperatur von etwa 37 °C. Für die Erhaltung von Gesundheit und Leistungsfähigkeit ist ebenfalls ein angepasstes Raumklima von Bedeutung.

Die Lufttemperatur ist der körperlichen Beanspruchung anzupassen und soll bei sitzender Tätigkeit etwa 20 °C betragen. Zu entzündlichen Erkrankungen wie Rheumatismus und Gelenkentzündungen führt der Wärmeentzug bei Kontakt mit stark wärmeleitendem Material (beispielsweise ein Steinfussboden beim Sitzen).

Am Arbeitsplatz sollte

die Lufttemperatur im Sommer 20 °C bis 23 °C und im Winter 18 °C bis 22 °C nicht über- und unterschreiten

die Luftfeuchtigkeit zwischen 40 % und 65 % liegen (im Wasserdampfgehalt der Luft)

die maximale Wärmestrahlung 250 Watt pro Quadratmeter betragen

Schlussfolgerung

Ein angenehmes Klima und eine den Aufgaben entsprechende Arbeitsplatzgestaltung sind wichtige Voraussetzungen für Wohlbefinden und gute Leistungen. Wo und mit welchen Ablagemöglichkeiten und Hilfsmitteln man am besten arbeitet, ist individuell zu entscheiden.

Blumen, Bilder oder Poster machen den Arbeitsplatz zu einer freundlichen Umgebung, die man gerne aufsucht.

Wichtige Kriterien sind vor allem Ruhe und Ungestörtheit.

Sind alle zur Aufgabenerfüllung benötigten Mittel in Griffnähe und an ihrem festen Platz bereit, erspart man sich Zeit und Ärger. Weitere Anforderungen an das ideale Arbeitszimmer sind, wie beschrieben, angemessene Heizung, optimale Lüftung, geringe Lärmeinwirkung und eine den persönlichen Bedürfnissen angepasste farbliche Zimmergestaltung.

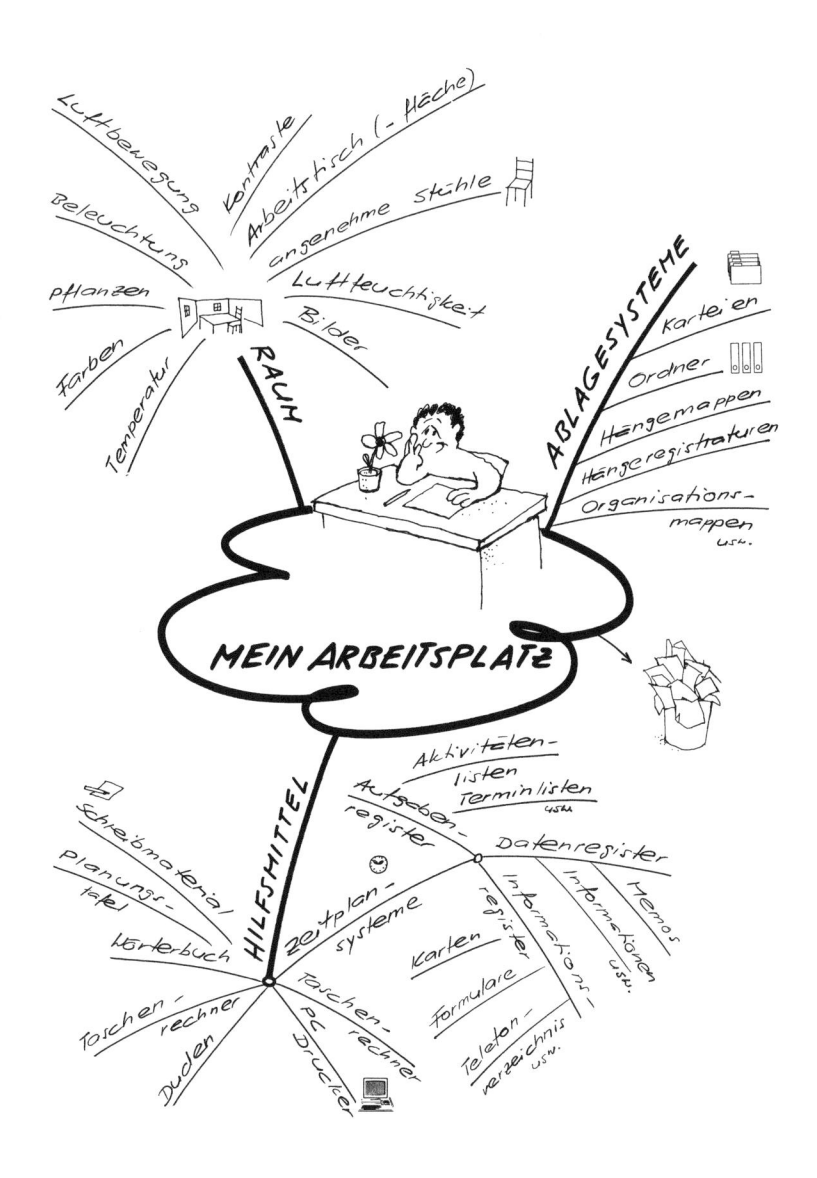

Die Tür zur Führung

Arbeitsplatzanalyse

Prüfen Sie, ob Ihr Arbeitsplatz optimal eingerichtet ist

	ja meistens	teilweise	nein selten
1. Um Hilfsmittel und Unterlagen zu holen, muss ich oft aufstehen.	☐	☐	☐
2. Ich muss meistens zurückrufen, wenn ich sofort Auskunft geben sollte (Zahlen, Daten und Fakten sind in meinen Unterlagen, aber nicht sofort greifbar).	☐	☐	☐
3. Ich muss zur Terminüberwachung eine Terminanlage und zusätzlich eine Ablage nach Namen bzw. Themen führen.	☐	☐	☐
4. Zahlen, Daten und Fakten, die ich oft brauche, sind nicht an meinem Arbeitsplatz verfügbar.	☐	☐	☐
5. Ich muss oft Unterlagen suchen.	☐	☐	☐
6. Ich habe immer viel Papier auf dem Pult.	☐	☐	☐
7. Ich werde an meinem Arbeitsplatz oft gestört (Lärm u.a.).	☐	☐	☐
8. Die Temperatur an meinem Arbeitsplatz ist meistens unangenehm warm bzw. kalt.	☐	☐	☐
9. Mein Arbeitsplatz ist schlecht beleuchtet.	☐	☐	☐
10. Mein Arbeitszimmer ist eher trostlos eingerichtet (keine Bilder, Pflanzen).	☐	☐	☐

Weitere Kriterien

_____
_____
_____
_____
_____

Massnahmen

_____
_____
_____
_____
_____

Die Tür zur Führung

Checkliste: Was fehlt an meinem Arbeitsplatz?

☐ Computer/Drucker	☐ Kopierpapier
☐ Ordner	☐ Register
☐ Hängemappen	☐ Bezeichnungsmaterial
☐ Karteien	☐ Karteikarten
☐ Organisationsmappen	☐ Schreibmaterial
☐ Aktenbehälter	☐ Farb-/Leuchtstifte
☐ Locher	☐ Spitzer
☐ Terminkalender	☐ Sichtmäppchen
☐ Planungstafel	☐ Schreib-/Notizpapier
☐ Duden	☐ Folien
☐ Wörterbuch	☐ Klebestreifen
☐ Lexikon	☐ Schere
☐ Atlas/Karten	☐ Schreibunterlage
☐ Handbuch Business English	☐ Taschenrechner
☐ Büroklammern	☐ Heftmaschine (Bostitch)
☐ Heftklammern	☐ Telefon
☐ Schablonen	☐ TV/Video/Recorder
☐ Papierkorb	☐ Flip-Chart
☐	☐

Massnahmen

_____
_____
_____
_____
_____
_____
_____

Stichwortregister

A

ABC-Analyse (Arbeitstechnik)	162
Ablauforganisation	44
aktiv zuhören	92
Anforderungsprofil (Personalselektion)	111
Appell (Kommunikation)	82
Arbeitsplatz (Checklisten)	178f
Beschreibung	46
Gestaltung	172
Organisation	175
Arbeitstechnik	156
Arbeitsumgebung (Gestaltung)	175
Arbeitszergliederung (Arbeitsblatt)	137
asymmetrische Kommunikation	93
Aufbauorganisation	40
Aufgaben des Vorgesetzten	23
Aufgabenkatalog	46
Auftragserteilung	64
schriftlich	69
Auftragserteilung	
Übung	66
Auftragserteilungsgespräch	88
Autorität	21

B

Bedürfniskategorien (nach Maslow)	147
Bedürfnisse erkennen (Übung)	151
Beleuchtung, Arbeitsplatz	176
Beobachtungsprotokoll	136
Betriebsorganisation, Aufgabe und Bereiche	40
Beurteilungsblatt (Mitarbeiter)	99
Beziehung, Kommunikationsaspekt	81

D

Defizitmotive	148
Delegation	58
als Organisationsprinzip	58
als Stilprinzip	58
Checkliste	68
Fehler	63
Prinzipien	68
von Verantwortung	60
Voraussetzungen	61
Übung	66
delegierbare Aufgaben	59
Durchsetzungskraft	19

E

Einflussfaktoren auf die Führung	11
Einlinienorganisation	43
Einsatzplan	105
Eisenhower-Prinzip	163
Electronic Organizer	173
Entschlussfähigkeit	19
Entwicklungsbedürfnisse (Motivatoren)	147
Entwicklungsplan	105
Ergonomie am Arbeitsplatz	174

F

Feedback	26
Arten, Bedeutung	77
Führen	
Definition	10; 17
durch Zielvereinbarung	14
Einflussfaktoren	11
Führungsängste	18
Führungsaspekte	11
Führungsaufgaben	23
Führungsdimension	17
Führungseigenschaften	18
Führungsgrundhaltung	10; 13
Führungsinstitutionen	11
Führungskomponenten	10
Führungsmittel	11; 12
Führungsprozess	11
Führungsstil	25
Führungsverantwortung	20; 60
Führungsverhalten	26
Funktionsbeschreibung	46
Funktionsbild	46
Funktionsorganigramm	41

G

Gebärdensprache	76
Gespräche, siehe Mitarbeitergespräche	
Gesprächsführung	88
Grundsätze	94

H

Handlungsverantwortung	20; 61
Hygienefaktoren	145

I

Information	72
Informationsarten	72
Informationsformen	73
Informationsgespräche	88
Informationsregeln	74
Checkliste	84
Instruktion	
Ablaufplanung	139
Beobachtungsprotokoll	136
Praxisbeispiel	137
Instruktionsgespräch	88
Instruktionsmethoden	
(4-Stufen-Methode)	128ff
Instruktionsprinzipien	134
Instruktionsvorbereitung	129
Arbeitsblatt	135

J

Jahresziele (Beispielblatt)	106
Johari-Fenster	77

K

Kommunikation	72
verbal, nonverbal	79
Aspekte	80
Modell	75; 80
Kompetenzen	
fachlich, methodisch, sozial	11; 18
Delegation	63
in der Stellenbeschreibung	41
Kompetenzheft	46
Konfliktgespräche	96
Phasen	97
Kontrollplanung	62
Körpersprache	79
Kritikgespräche	89

L

Leistungsfähigkeitsanalyse	168
Leistungsmotivation	143
Linienstelle	41

M

Management by Objectives	14
Management-Ebenen	38
Matrix-/Projekt-Organisation	44
Mehrlinienorganisationen	44
Mitarbeiter	38
Mitarbeitereinführung	
Checkliste	122
Planungsblatt	124
Mitarbeitereingliederung	116
Mitarbeiterauswahl (Checkliste)	120
Mitarbeiterbeurteilung (Beispielblatt)	99
Mitarbeiterförderung	128
projektorieniert	131
Schlüsselqualifikationen	132
Mitarbeitergespräche	23
Arten	88
Auswertung	95
Durchführung	92
Fragebogen	100
Vorbereitung	89
Mitarbeitermotivation	142
Mitarbeiterselektion	111; 113
Methoden	113
Mitarbeiterwerbung (Möglichkeiten)	112
Mitteilungen	80
Moderation	27
Moderatorfunktionen	28
Motivation	142
äussere, innere	144
Motivationsfaktoren	143
Motivationsmöglichkeiten	149; 152
Motive erkennen (Übung)	151

N

nonverbale Kommunikation	79

O

Organigramm	41
Organisation	40ff
operativer Bereich	44
strategischer Bereich	40
Organisationsformen	44
Organisationsstrukturen	36
organisatorische Rahmenbedingungen	37

P

Parasprache	79
Pareto-Prinzip	161
Personal Digital Assistants	173
Personal, siehe Mitarbeiter	111
persönliche Gespräche	88
Persönlichkeit	18
Persönlichkeitsprofil	32
Pflichtenheft	46
PIM-Software	173
Planungsinstrumente	172
Prioritätensetzung	43
Arbeitstechnik	162
Tipps	168
Problemlösung mit Hilfe der Pinnwand	50
Problemlösungsgespräche	88
Problemlösungsmethodik	48
Projektorganisation	42
projektorientierte Mitarbeiterförderung	131

Q

Qualifikationsgespräche	88

R

Raumklima (Arbeitsplatz)	176
reversible Kommunikation	93
Rückdelegation	63

S

Sachgespräche	88
Sachinhalt	80
Sägeblatt-Effekt	159
Schlüsselqualifikationen	
Beurteilungsblatt	104
Mitarbeiterförderung	132
persönliche	33
Selbstanalyse zur Zeitplanung	157
Selbstkundgabe	81
Selbstmanagement	157
Vorteile	158
Selbstsicherheit	19
Selbstvertrauen	21
Selbstwertgefühl	19
Stab-Linien-Organisation	41
Stabsstelle	41
Standortbestimmungsgespräch	88
Fragebogen	102
Stellenbeschreibung	46
Inhaltspunkte	47
Inhaltsraster	53
Praxisbeispiel	54
Stelleninserat	112
Checkliste	125
Störungen am Arbeitsplatz	159
Stress (Test)	166
symmetrische Kommunikation	93

T

Tagesplan (Arbeitsblatt)	169
Tätigkeitsorganigramme	42

U

Umwelt	39
Unternehmensfakten	37
Unternehmensphilosophie	37

V

Verantwortung	20
verbale Kommunikation	79
Vertrauen	16
Vorgesetzter (siehe auch Führung)	
als Moderator	27
Vorgesetztenrolle	23
Vorstellungsgespräch	88; 114

W

Wachstumsmotive	148
W-Fragen (Auftragserteilung)	64

Z

Zeitmanagement	157
Zeitnutzung (Test)	164
Zeitplansysteme	172
Zeitplanung	156; 161
Hilfsmittel	172
Programme	173
Zielkontrolle (Beispielblatt)	106
Zielsetzung	
Arbeitsblatt	167
Arbeitstechnik	160
Zielvereinbarung	
Beispielblatt	106
Gesprächsart	88
Zuständigkeitsbereich	59

Literaturverzeichnis

Aebli, H., **Problemlösen und Kreativität im Unterricht,** Stuttgart, 1979.

Birkenbihl, V. F., **Stroh im Kopf,** Gebrauchsanweisung fürs Gehirn, 7., überarbeitete Auflage, Speyer, 1990.

Buzan, T., **Kopf Training,** Anleitung zum kreativen Denken, 8. Auflage, München, 1991.

Cohn, R., **Zur Grundlage des themenzentrierten interaktionellen Systems,** Stuttgart, 1974.

Cohn, R., **Von der Psychoanalyse zur Themenzentrierten Interaktion,** Stuttgart, 1986.

DBK, Deutschschweizerische Berufsbildungsämter-Konferenz, **Handbuch für Lehrmeister,** Leitfaden, 7. Auflage, Luzern, 1992.

Decker, F., **Gruppen moderieren eine Hexerei?,** München, 1988.

Drucker, P., **The Changing World of the Executive,** New York, Time Books, 1982.

Eck, C. D., **Denkschulung,** Erfolgstraining in 10 Schritten, Zürich, 1981.

Ekman, P., **Gesichtsausdruck und Gefühl,** Paderborn, 1988.

Fatzer, G., **Ganzheitliches Lernen,** Humanistische Pädagogik und Organisationsentwicklung, 4. Auflage, Paderborn, 1993.

Fröhlich, W., **Personalführung,** München, 1991.

Fuhrer, F., **Praxis der Mitarbeiterführung,** Grundlagen, Impulse und Verhaltensweisen für den erfolgreichen Umgang mit Mitarbeitern, Altstätten, 1993.

Gehm, Th., **Kommunikation im Beruf,** Hintergründe, Hilfen, Strategien, Weinheim, Basel, 1994.

Heidack, C., **Lernen der Zukunft,** Kooperative Selbstqualifikation – die effektivste Form der Aus- und Weiterbildung im Betrieb, München, 1989.

Hilgard, E. R., und Bower, G. H., **Theorien des Lernens 1,** Stuttgart, 1970.

Kälin, K., und Müri, P., **Sich und andere führen,** Psychologie für Führungskräfte und Mitarbeiter, 8. Auflage, Thun, 1995.

Klampfl-Lehmann, I., **Der Schlüssel zum besseren Gedächtnis,** Wie das Gedächtnis arbeitet und wie Sie es gezielt verbessern können, 2. Auflage, München, 1992.

Klebert, K., Schrader, E., Straub, W. G., **Kurzmoderation,** 2. Auflage, Hamburg, 1987.

Kirckhoff, M., Mind Mapping, **Die Synthese von sprachlichem und bildhaftem Denken,** 4. Auflage, Berlin, 1990.

Koch, G., **Die erfolgreiche Moderation von Lern- und Arbeitsgruppen,** 2. Auflage, Landsberg am Lech, 1989.

Leuzinger, A., Luterbacher, T., **Mitarbeiterführung im Krankenhaus,** Band 1, 2 und 3, Bern, 1987.

Mandl, H., und Friedrich, H. F., **Lern- und Denkstrategien,** Göttingen, 1992.

Maslow, A. H., **Motivation und Persönlichkeit,** New York, 1954.

Messner, H., **Unterrichten lernen,** 2. Auflage, Bühl/Baden, 1983.

Metzig, W., und Schuster, M., **Lernen zu lernen,** Lernstrategien wirkungsvoll einsetzen, Berlin, 1982.

Mentzel, W., **Unternehmenssicherung durch Personalentwicklung,** Mitarbeiter motivieren, fördern und weiterbilden, 4. Auflage, Freiburg im Breisgau, 1989.

Müller, J., **Der Weg zur Moderation und Lernbegleitung,** Anleitung für selbständiges, erfolgreiches Lernen und Arbeiten in der Zukunft, Seon, 1992.

Müller, J., **Lernen - aber wie?,** Praktische Anregungen und Tips für die Aus- und Weiterbildung, Seon, 1996.

Ochsner, M., **Persönliche Arbeitstechnik,** Zeit- und Selbstmanagement als Weg zum bewussteren, produktiveren Leben und Arbeiten, Giessen, 1990.

Pelz, W., **Kompetent führen,** Methoden und Techniken, Düsseldorf, 1996.

Peter, U., **Psychologie der Marketingkommunikation,** Auditorium-Savosa, 1991.

Sahm, A., **Neue Methoden zur Leistungsmotivation der Mitarbeiter,** 2. Auflage, Kissing, 1980.

Sander, K., und Esser, U., **Personenzentrierte Gruppenarbeit,** Heidelberg, 1988.

Schenk-Danzinger, L., **Entwicklungspsychologie,** 16. Auflage, Wien, 1983.

Schulz von Thun, F., **Miteinander reden 1,** Störungen und Klärungen, Reinbek bei Hamburg, 1990.

Schulz von Thun, F., **Miteinander reden 2,** Stile, Werte und Persönlichkeitsentwicklung, Reinbek bei Hamburg, 1989.

Seiwert, L. J., **Das neue 1x1 des Zeitmanagement,** Zeit im Griff – Ziele in Balance – Erfolg mit Methode, Offenbach, 1995.

Swam, W. S., **Den richtigen Mitarbeiter finden,** Das erfolgreiche Einstellungsgespräch, Orell Füssli, 1990.

Tannenbaum, R., Schmidt, W. H., **Übergänge zwischen autoritärem und demokratischem Führungsstil,** 1958.

Vester, F., **Denken, Lernen, Vergessen,** Was geht in unserem Kopf vor, wie lernt das Gehirn, und wann lässt es uns im Stich?, Stuttgart, 1975.

Vollmer, G., Hoberg, G., **Kommunikation,** sich besser verständigen – sich besser verstehen, Stuttgart, 1994.

Wilsdorf, D., **Schlüsselqualifikationen,** Die Entwicklung selbständigen Lernens und Handelns in der Berufsbildung, München, 1991.

Wunderer, R., Grunwald, W., Moldenhauer, P., **Führungslehre,** Band 1: Grundlagen für die Führung, Band 2: Kooperative Führung, Berlin/New York, 1980.

**Lernen und Führen
bei Edition Swissmem**

Lernen – aber wie?

Praktische Tipps für Jugendliche und Erwachsene zum Thema Aus- und Weiterbildung, wie beispielsweise

- Wie kann ich mich zum Lernen motivieren?
- Wie organisiere ich mich selbst?
- Was gibt es für Lern- und Arbeitstechniken? (Mind Mapping, Lernkartei usw.)
- Welcher Lerntyp bin ich?
- Wie werden Informationen im Gedächtnis gespeichert?
- Was können Lernende gegen Angstgefühle tun?
- Wie kann ich Tests und Prüfungen mit Erfolg bestehen?

u.v.a.m.

Josef Müller, 124 Seiten, kartoniert
ISBN 3-03709-005-7, Bestellcode AFLW

30 Tipps zum erfolgreichen Lernen

Lernen will gelernt und geübt sein:

- Wie soll ich mich während des Unterrichts verhalten?
- Wie kann ich mich zum Lernen motivieren?
- Wie organisiere ich mich selbst?
- Welche Lern- und Arbeitstechniken gibt es?
- Wie kann ich Tests und Prüfungen mit Erfolg bestehen?

30 Tipps zum erfolgreichen Lernen geben Antworten auf diese und andere Fragen.

Josef Müller, 40 Seiten
ISBN 3-03709-006-5, Bestellcode AFTL

Der Weg zur Moderation und Lernbegleitung

Methoden, Schlüsselqualifikationen und Praxisbeispiele für Ausbildende, Lehrpersonen und Vorgesetzte in Firmen, zum Beispiel über

- Information und Kommunikation in der Ausbildung
- Produktives Lernen und Zusammenarbeiten
- Theorie und Praxis der Teamentwicklung
- Schlüsselqualifikationen
- Methoden, die selbstständiges Lernen ermöglichen
- Grundeinstellungen und Verhaltensweisen eines Moderators und Lernbegleiters

u.v.m.

Josef Müller, 163 Seiten, kartoniert
ISBN 3-03709-015-4, Bestellcode AFML

Bestellungen
Swissmem Berufsbildung, Brühlbergstrasse 4, CH-8400 Winterthur
www.swissmem-berufsbildung.ch
vertrieb.berufsbildung@swissmem.ch
Telefon ++41 52 260 55 55, Fax ++41 52 260 55 59